成渝地区双城经济圈高质量协同发展研究丛书

成渝城市群
资源承载与城市规模优化研究

CHENG-YU CHENGSHIQUN
ZIYUAN CHENGZAI YU CHENGSHI GUIMO YOUHUA YANJIU

何悦　周济　龚静 / 著

西南财经大学出版社
中国·成都

图书在版编目(CIP)数据

成渝城市群资源承载与城市规模优化研究/何悦,周济,龚静著.—成都:西南财经大学出版社,2021.12

ISBN 978-7-5504-5168-1

Ⅰ.①成⋯　Ⅱ.①何⋯②周⋯③龚⋯　Ⅲ.①城市群—自然资源—承载力—研究—四川②城市群—区域经济发展—研究—四川　Ⅳ.①F299.277.1

中国版本图书馆 CIP 数据核字(2021)第 260367 号

成渝城市群资源承载与城市规模优化研究

何悦　周济　龚静　著

责任编辑:李思嘉
责任校对:李琼
封面设计:墨创文化
责任印制:朱曼丽

出版发行	西南财经大学出版社(四川省成都市光华村街 55 号)
网　　址	http://cbs.swufe.edu.cn
电子邮件	bookcj@ swufe.edu.cn
邮政编码	610074
电　　话	028-87353785
照　　排	四川胜翔数码印务设计有限公司
印　　刷	成都市火炬印务有限公司
成品尺寸	170mm×240mm
印　　张	10.5
字　　数	156 千字
版　　次	2021 年 12 月第 1 版
印　　次	2021 年 12 月第 1 次印刷
书　　号	ISBN 978-7-5504-5168-1
定　　价	68.00 元

前言

　　2020 年 1 月，中央财经委员会第六次会议明确提出要大力推动"成渝地区双城经济圈"建设，这对成渝地区发展提出了更高要求。城市是经济发展的动力，成渝城市群则成为成渝地区双城经济圈发展的主要载体，"双城经济圈"建设，也对成渝城市群的建设提出了更高要求。在我国区域经济由非均衡发展向均衡发展的关键节点，城市群作为构建大中小城市和小城镇协调发展的城镇格局的主体①，需要通过内部协同发展带动区域协调，进而优化城镇格局，但现实中城市之间竞争激烈。其结果造成微观上大中小城市产业结构趋同，规模两极分化严重；中观上难以形成多元合理的区域城市体系，经济带动作用不足；宏观上经济发展严重失衡，人口和资源向少数大城市聚集，导致社会、经济、文化、生态的失衡。

　　成渝城市群的发展正面临这样的困境。成渝城市群作为成渝地区双城经济圈发展的主体，是西部地区主要经济增长核心、长江经济带重要支撑点，战略地位显著；但长期以来，成都和重庆双核心"虹吸效应"显著，城市竞争激烈，其本质是对区内和区外的资源的全方位的竞争。面对以城市群为主体实现区域协调发展的政策愿望与长期形成的城市间结构趋同和恶性竞争的发展现实之间的矛盾，如何通过经济和政策手段来实现城市群内的资源流动，使城市竞争向城市协同转变，并最终优化城市和城市群的

---

　　① 习近平. 决胜全面建成小康社会，夺取新时代中国特色社会主义伟大胜利：在中国共产党第十九次全国代表大会上的报告 [J]. 党建，2017，773 (11)：15-34.

结构就成为成渝城市群未来的发展重点。而在政策扶持和新经济形态迸发的背景下，西部城市获得跨越式发展机会，也为成渝城市群通过资源协同实现城市结构优化和高质量发展提供了重要机遇。本书将以成渝城市群为研究对象，研究区域内部资源流动和资源竞争状况，在竞争与合作中探寻城市间的资源协同方式，在资源协同中实现城市的可持续、高质量发展，并最终成为带动西部乃至全国经济增长的重要城市群，助力成渝地区双城经济圈建设。

本书通过对成渝城市群资源的量化评估和分析，以期对如下问题进行解答：成渝城市群的城市规模是否合理？成渝城市群的资源利用是否高效？成渝城市群的城市规模应该如何优化？对这三个问题的解答，可以帮助我们科学地评估成渝城市群的资源发展水平，了解成渝城市群的发展基础和未来发展方向。我们还发现成渝地区城市规模存在非均衡问题，部分城市规模过大，而部分城市规模过小，且不同城市的资源约束存在差异：部分城市是资源总量规模不足，部分城市却是资源利用效率不高。因此，针对不同规模、不同资源水平和资源利用效率的城市，需要通过人口引导、资源流动和资源组合优化来实现城市规模的优化，进而实现城市群经济增长潜力的提高。因此，本书在方法上也力图通过对城市群城市资源承载力和规模的研究，对城市资源承载力的评价体系进行全方位构建，并针对不同地区提出较为科学的城市资源承载力和城市规模间的动态互动关系模拟方法，为城市—城市群的发展提供技术支持。

本书共十章内容，包括基础理论准备和现实状况梳理、城市资源承载力和最优产出规模理论分析与评估、城市群规模优化路径构建和展望三大部分。其中第一部分为对成渝城市群研究基础和发展历史的梳理，包括第1章至第3章。第1章为理论梳理，主要对城市群研究中涉及的集聚经济理论、人口迁移理论、马克思城市发展理论与可持续发展理论以及城市发展与管理理论进行梳理，同时对城市群资源利用和发展方面的研究进行总结和梳理。第2章对成渝城市群发展历程进行了回顾，首先总结了我国城镇化和城市群发展的大背景，以新中国成立之前为历史起点，分析成渝地区城市群发展历史，总结川渝城市发展问题，并介绍成渝城市群发展历程。第3章通过对成渝城市群发展规划和成渝城市群发展现实进行总结和归纳，对成渝城市群总体和城市内部定位进行了梳理，并对其发展实际进行了介绍。

第二部分是本书的研究主体部分，包括第4章至第7章，对成渝城市群的资源总量、城市资源承载力、城市最优产出规模进行了"理论+实证"的分析，将城市群资源问题和发展水平相结合进行评估。第4章为城市群资源分类和总量概述，对资源按照经济性、流动性、创造性、竞争性四个维度进行分析，并对城市群的资源种类进行分类概述，最后以国家均量水平为标准分析城市群总体、核心城市、区域中心城市和重要节点城市的资源总量水平。第5章将资源总量按照类别构建自然—经济—社会综合系统的城市资源承载力体系，对体系的构建方法、指标选择、量化方法等进行了介绍，并利用该方法对城市群各城市的资源承载力进行了测算与评价。第6章是对城市群生产效率的分析，构建城市最优产出规模模型，分析城市产出与城市规模的关系，利用多类型城市产出模型，对成渝城市群16个城市2010—2016年城市发展数据进行实证分析，估算这16个城市的最优产出规模。第7章从成渝城市群资源承载力和最优产出规模互动关系出发，分析城市群总体、各城市的资源水平和资源利用的关系，在以资源承载力为约束或表征性作用下，城市可以以城市最优产出规模为标准，优化城市实际人口规模。

第三部分为成渝城市群规模优化路径分析和展望，包括第8章至第10章。第8章对成渝城市群规模治理特殊性进行梳理后，有针对性地选择了日本东京都市圈和美国旧金山—圣何塞城市群的发展经验进行介绍，为成渝城市群发展提供经验借鉴。第9章结合成渝城市群发展特殊性和相关先进经验，针对成渝城市群资源承载力薄弱等问题，对成渝城市群规模优化提出内部资源优化配置，外部吸收区外资源，长期发展新产业的行动路径。第10章为研究总结和展望，对全书进行总结，并指出在研究中存在的局限性和未来可以深化研究的方向。

　　本书最终得以完成并出版离不开各方的支持。首先感谢西南财经大学丁任重教授、成都大学马胜教授的指导和支持，从本书最初思想的形成阶段，到本书写稿阶段，再到最后的出版阶段都得到了两位教授的悉心指导和帮助。感谢成都大学国际经济与贸易专业刘敏、邓灵星、杨涵、叶雅丽、孟欢在数据搜集和材料整理上的协助，张洋在新经济发展的脉络梳理和分析部分也做出了重要贡献。本书为四川省哲学社会科学规划项目"川渝城市群建设下的城市资源承载力与城市规模互动关系研究"（SC17B005）重要研究成果，该项目结项等级鉴定为"优秀"。感谢四川省规划办及评审专家对该研究的支持和肯定。本书也是国家社会科学基金项目"成渝双城集聚—辐射效应分解与优化研究"（20XJY005）阶段性成果。感谢全国哲学社会科学工作办公室对本书和成渝地区发展的支持。最后，本书的成稿和出版还获得了成都大学研究生学科建设项目和成都市社会科学研究基地"成渝地区双城经济圈研究中心"的支持和帮助。成渝地区作为我国西部地区乃至全国经济发展布局的重要一环，其城市发展的可持续性和增长潜力都备受关注，而资源的聚集、创造和流动和协同则是城市群发展的重要课题。

何悦

于嘤鸣湖畔

2021 年 11 月

目录

1 城市群资源承载与结构优化研究基础

成渝城市群作为我国区域经济增长的重要增长极，担负着西部高质量发展任务，也是成渝地区双城经济圈发展的重要空间载体，这意味着国家对其发展提出了更高的要求。在我国全面转变经济发展方式的背景下，成渝城市群的发展既要关注经济的高效性，又要重视发展的可持续性。在对城市群资源可承载和城市规模互动研究中，需要关注城市及城市群发展的动力，发展要求以及优化路径。集聚经济理论作为城市发展的动力来源，对城市群的发展和城市产业分工提供理论指导，而城市群的规模优化离不开人口的流动，因此人口迁移理论也是城市群规模优化的基础。进一步地，成渝城市群的高质量发展目标要求资源的合理、高效应用，这需要将传统的经济发展理论转化为以马克思生态经济理论为指导的可持续发展方式。而这一过程中，除了企业和个人等微观主体的聚集外，还需要政府、微观主体以城市管理者、参与者的身份对城市、城市群进行管理，实现城市群在自然—社会—经济体系中的全面发展。

1.1 集聚经济理论

集聚经济理论（agglomeration economics）是对聚集经济现象进行解释、

归纳以及预测的一系列理论研究，是城市群发展的动力基础。聚集经济是指经济活动中的各种要素向某一特定地理空间集中，形成相互关联的产业网络或社会网络，并产生规模经济效益。聚集经济在不同地理空间上存在不同的聚集表现形式，如微观上表现为相同或相似行业企业或同一产业链企业在空间上的聚集；而在中观上则是城市在空间上的联合分工，这也是城市群兴起、发展的动力。经过多年发展，集聚经济理论对集聚经济产生的原因进行了详细的解释，并发展出了一系列研究聚集经济的理论工具，为聚集经济理论的发展奠定了基础。未来应在城市发展、城市群发展中继续发展。

城市群的发展需要依靠内部和外部力量同时发力，内力是指城市自我成长的力量，外力则是要求城市之间要进行分工和协同，而集聚经济将会通过企业的聚集和产业分工对城市群发展形成内外动力。在此需要梳理聚集的形成、集聚效应以及集聚的影响，同时借鉴集聚经济的研究方法，分析城市群协同效率。

1.1.1 集聚经济形成的动力

集聚经济理论的产生是现实到理论再到现实的过程，不同时期的经济学家对于集聚效应的研究都是贴近社会现实的理论构建。在阿尔弗雷德·韦伯（Alfred Weber）的代表作《工业区位论》中则是将微观对企业的选址和产业的空间分布进行说明，提出了产业空间上的表现：在分散和集聚两种作用力的综合下，企业和产业在空间上选择与其他企业和相关产业的相对位置①，而这些力量则是聚集的动力，包括技术对于生产设备的改进、劳动力在地方的云集，形成组织、市场愈加开放自由以及其他成本的影响。笔者将其进行汇总归纳，可总结为三大"区位因子"：运输成本、劳动力可得性以及企业聚集。微观主体在这三者作用下，以成本最小化和效益最大化为原则选择相应的企业布局。

而在一个多世纪以前，云集在英国谢菲尔德的刀具制造商和北安普顿

---

① 韦伯. 工业区位论 [M]. 李刚剑，等译. 北京：商务印书馆，2010：135.

的制衣厂给了最著名的经济学家之一阿尔弗雷德·马歇尔（Alfred Marshall）现实的冲击，这种非资源带来的行业地理集中，让他看到了聚集带来的好处，他将企业在空间中集聚的原因总结为三个：专业化供应商（specialized suppliers）的形成、有利的劳动力共享（labor market pooling）和知识外溢（knowledge spillover）。

1991年，克鲁格曼发表了其最重要的学术代表作《收益递增与经济地理》，对新经济地理理论进行了初步探讨，论述了一般的规模报酬递减的空间发展规律，在聚集的作用下形成的规模报酬递增的现象。这种规模递增带来的结果是，如果政府干预甚至是偶然因素的影响，也有可能帮助地区或国家形成垄断竞争优势。克鲁格曼在吸收了马歇尔观点的基础上，重新归纳和发展了外部经济的三要素：基本要素、中间投入品和技术的使用。城市的发展基础则是产业引导人口在空间上的集聚。由产业内部的聚集到产业间的集聚，再到不同聚集体的集聚，从而建立起人口在空间上的重要聚集区域，促进了城市的形成。

1.1.2　集聚经济的作用机制

不同经济学家的研究，对集聚的作用机制进行了不同的阐述，在工业区位论看来，集聚产生的最大好处是运输成本的解决。为了达到成本最小化，企业会选择一个地区，使它的成本最小：原料运输的成本，劳动力雇佣的成本和产品运输的成本。在这三个成本的综合作用下，企业将会选择最合适的空间点进行布局。其结果则是，企业会聚集在一个相对集中的点，这样会在劳动力雇佣上节约成本，而集聚创造出来的市场规模，也会降低产品运输的费用等。

新经济地理学派的出现，对空间上的经济发展进行了更加贴近现实的研究。该学派对区域空间的选择和研究形成了一定的研究范式，如对于企业模型的选择上更多地选择垄断竞争模型来分析，在贸易中选择新国际贸易模型，在城市体系研究中常常运用中心—外围模型，将城市假设成为匀质的圆。另一个重要的假设是对运输成本的假设，"冰山式"运输成本则刻画了空间对生产的影响，能够有效地模拟区域之间的商品差异。这些研究方法的运用为聚集经济的研究提供了重要的工具支持。认为市场为垄断竞争市场，即厂商生产的产品的种类和数量存在差异，从而在价格上会存在差异，这使得将产品数量和产品种类进行二维研究成为可能。规模报酬递增，企业又增加了扩大生产规模的动力，使得在形式上增加投入规模，在其中，集聚经济的作用机制是会产生一个集聚收益和集聚成本，两者的边际成本（MC 和 MR）的相互大小决定了城市集聚的产出效率，而净收益最大化，则带来了最优的集聚效率。

1.1.3　集聚经济在城市群中的应用场景分析

聚集经济研究之初是在微观层面分析企业的空间布局，但发展到中观层面则是对城市聚集因素、形式的研究。学界也涌现出许多学者对城市的聚集展开研究，其中具有代表性的是米尔斯的城市经济模型和亨德森的城市经济模型等，包括从最简单的单一类型城市到多类型城市的发展研究。

单一类型城市经济模型分析如下。1967 年，米尔斯（Mills，1967）构想了一种理想的城市模型，但这种模型假设城市都是同质的。他认为三种经济活动对城市的聚集造成影响：一是出口到城市外的商品生产活动，表示产品运输成本；二是城市内部的交通条件，其影响劳动力到达厂商地点的成本（通勤成本），可以用劳动力的有效性表示；三是住房的空间需求。由于劳动力在生产过程中同样需要维持生活，而城市住房是劳动力生活的重要部分。他依据这三个方面的假设，建立了城市聚集的分析方法，也成为后人研究城市问题的重要分析思路。在该模型中，对区域外市场的供给能力最为重要，而其中的规模报酬递增的假设，使得城市聚集经济成为可能，从而带动城市的发展。

对城市模型进一步扩展的是弗农·亨德森和他的城市经济发展模型。亨德森将单一城市扩展为多类型城市的城市系统进行聚集经济研究（Henderson，1988）。在该模型中，他假设每个城市根据其资源禀赋的差异都具有一个专门的、只服务于特定区域的商品生产部门。这个部门的生产活动需要投入资本和劳动力两种生产要素，而生产厂商通过对要素投入与产出的分析，确定收益最大化的要素投入。以亨德森的模型为基础，根据对劳动力的投入，确定城市最优的劳动力规模，从而获得最优的城市规模。亨德森的城市经济模型对城市学理论和城市发展研究具有重要意义。特别是在对城市规模的研究中，亨德森的城市经济模型具有开创性意义，后来的许多学者也借用这一思路展开城市规模研究，但该模型没有将城市资源承载能力纳入考虑范围，因此只能得到无约束下的城市最优产出规模，本书也将借鉴这一思路，对无约束下的城市最优产出规模进行分析和测算。

1.2　城市群中的人口迁移

在城市群发展过程中，人口的迁移分为两个阶段：一是城镇化阶段人口从农村向城镇的迁移；二是人口在城市间的迁移，这种迁移可以是城市到城市的迁移，城市郊区到城市的迁移，也可以是城市郊区向城市郊区或城市向城市郊区的迁移。前一种迁移涉及生产和生活方式的转变，后一种更多的只是生活方式的转变。如果说第一阶段是人口迁移的初级阶段，那第二阶段就是人口迁移的中级阶段，也是目前城市群发展的一个重要趋势，需要关注人口迁移的推力—拉力，也要关注人口迁移的新发展。

1.2.1　人口迁移定律

人口的迁移，随着社会经济发展而不断发展，一个多世纪以前英国著名统计学家雷文斯坦（Ravenstein，1889）通过对超过 20 个国家的人口变动数据进行分析，从导致人口迁移的因素、人口迁移的特点和迁移过程的空间变化，总结出了七条人口迁移的规律①，如表 1-1 所示。

---

① RAVENSTEIN E G. The laws of migration ［J］. Journal of the Statistical Society, 1889 (52)：241-301.

表 1-1　人口迁移理论七大规律

迁移要素	类别	内容
影响迁移的因素	经济律	迁移的重要动机是提高经济水平和增加收入
	城乡律	农村人口向城市迁移的现象明显,为了转变生产和生活方式
迁移人口特点	年龄律	不同年龄的人口的迁移规模和意向不同,中青年人为迁移的主力人群
	性别律	与男性相比,女性的迁移倾向更大,且女性的迁移距离较短
迁移空间特点	递进律	人口迁移呈现出乡镇人口向中心城区迁移、农村人口向乡镇地区迁移的层层递进的特征
	距离律	人口迁移规模与距离成反比,迁移规模虽迁移距离增加而减少
	双向律	人口迁移是动态和双向发生的,人口的迁出与迁入同时存在,且正向流动与逆向流动也同时存在

该理论较为系统地总结了殖民时期人口的迁移规律,这种规律虽然存在时代局限性,但仍能从中发现人口迁移的客观规律。如人口为什么要迁移,其主要动机则是为了提高自身的生活水平,其根本则是在社会生产中提高自身的生产效率,相比农业生产,这在城市集聚经济中是可以实现的,于是可以明显发现农村人口向城市迁移的过程,也就是人口在城镇化中的空间转移过程。在城镇化中,人口也是存在递进式的城市流动过程,即呈现出农村→乡镇→中心城区的渐进过程。流动的过程中也可以发现,年轻人是迁移的主力人群,也是城市发展的中坚力量,从各城市目前的人才吸引政策来看,中青年人口也是城市发展青睐的人口群体。而随着城市边界的不断扩大,双向流动也是客观存在,一种双向流动是城市和乡村的流动,这主要是城市化与逆城市化的现象。而本书需要关注的是城市群内外的流动,即人口在城市群的迁入和迁出以及城市群内部的流动会如何影响城市的发展。至于迁移理论中所涉及的女性迁移倾向和距离的影响,随着时代和技术的进步已逐渐弱化。

1.2.2　从城乡角度分析人口迁移的推力—拉力理论

推力—拉力理论是在人口迁移定律下发展起来的理论研究,该理论对人口迁移原因进行了深入的分析。推力—拉力理论是一个不断发展的理论，许多学者对其形成和发展做出了重要贡献，其中最为著名的学者代表为赫伯尔（R. Heberle）、唐纳德·博格（D. J. Bogue）和埃弗雷特·李（Everret. S. Lee）。

1938 年，赫伯尔发表了论文《乡村——城镇迁移原因》，并首次运用拉力—推力的概念来分析人口迁移的原因①。乡村的推力推动人口流出；而城市的拉力（吸引力）将吸引人口流入，两者共同作用，使得人口从农村向城市流动。这种推力可能是指由于当地自然环境的恶化，资源的枯竭，农业生产收益与成本的不对等以及劳动力过剩带来的生产效率低下及较低的经济收入水平等；与之相对应的拉力则可能是迁入地有更多的就业机会、经济收入的增加、较好的教育与医疗服务以及较高的生活水平等。

随着该理论的进一步深化，美国人口学家埃弗雷特·李（1966）将阻碍人口迁移的因素从推力—拉力理论中分解出来，即阻碍人口流动的因素：一是推力中的拉力作用，包括亲人的团聚，更加熟悉的家乡生活等；二是拉力中的推力作用，如到了新的地方面临激烈的竞争环境、不适应的生活环境等；三是迁移过程障碍，包括交通条件的限制以及迁移成本过高等；四是自身原因导致的迁移障碍，包括自身的年龄、健康、性别等问题。而在城市最优规模和城市群发展中，我们需要关注的是前三种因素带来的人口迁移阻力。

1.2.3　人口迁移理论的应用

在理论指导下，各国学者也展开了人口迁移的经验研究，伊拉·劳瑞（Ira S. Lowry，1966）将经济发展因素考虑到人口迁移模型中，利用工业劳动工资等因素来构建相对引力模型，并测算人口迁移规模，他发现人口迁移是呈阶段性发展的，最初期低工资人群会向高工资地区流动，但是随着高工资地区劳动力增加，地区吸引力下降，人口流动方向也可能发生变

---

① HERBERLE R. The causes of rural-urban migration: a survey of German theories [J]. American Journal of Sociology, 1938 (43): 932-950.

化。此外，人口流动的方向也可能是随机的，即使不存在工资等因素作为引力，也可能产生随机的人口流动现象，而这时距离可能是影响人口流动的主要因素。人口是城市发展中最重要的资源，本书将以人口迁移理论为指导，分析成渝城市群城市人口规模演化、现状及未来趋势。

1.3　马克思城市发展理论与可持续发展理论

当前成渝城市群建设已上升到国家战略层面，"成渝地区双城经济圈"的提出更是对地区发展提出了更高要求。需要注意的是，成渝城市群不光要成为经济发展的高地，也是生态保护的重要区域，因此，在城市群发展中不光要考虑资源的利用，更要考虑资源的可持续利用，这里需要重新审视城市发展理念，并将可持续发展与城市发展相结合。

1.3.1　马克思城市发展理论

马克思城市发展理论实际是对资本主义城市发展问题的反思，并且通过对资本主义下不可持续的城市发展的批评和修正，勾画了马克思城市发展的基本理念。马克思在分析资本主义生产方式中，也对城市的兴起以及发展进行了分析，马克思认为城市的形成由来已久并且在中世纪获得新的发展，经过中世纪的灰暗历史后，奴隶被解放，使得一些城市有了新的面貌和发展①。但资本主义的阶级对立，使得城市的发展也天然的与农村对立，从而与农村割裂，破坏了自然生态系统和社会生态系统。这就使得城市和农村的自然资源无法实现循环利用。资本主义生产使它汇集在各大中心的城市人口越来越占优势，在此情况下，他提出应该关注自然生态系统、社会生态系统在城乡的连接，因此，可以利用城市人口和农村人口的分离与连接代表城乡的自然与社会的分离与融合，而通过人口和资源的自由流动实现城乡融合。

---

① 马克思，恩格斯. 马克思恩格斯文集：第1卷［M］. 北京：人民出版社，2009：557.

1.3.2 可持续发展理论在城市群发展中的应用

可持续发展理论（sustainable development theory），可以解释为"不破坏后代人利用地球资源满足其需要的能力的前提下，实现当代人需求的发展"①。可持续发展理论是本书遵循的基本原则，城市的发展和资源的协同其目的都在于实现城市群的可持续发展。其理论发展主要以学科交叉为特点，包含经济学、生态学以及社会学相关理论，提倡一种体现代际公平的、资源永续利用以及环境友好的发展方式，其理论发展伴随着人类社会的进步以及环境问题的凸显。该理论是对已有的经济增长方式以及增长观念进行修正，并为未来社会发展提出了新的增长理念。

1.3.2.1 可持续发展理论中生态学理论要素的运用

生态学可定义为"研究生物体与其周围环境（包括非生物环境和生物环境）相互关系的科学"。因此，需要关注人与自然关系、人与其他动植物关系、人地关系、人口承载力等内容。在城市群中需要关注的则是环境与经济的关系，而环境可以将其转化为资源利用的效果，资源能够有效合理利用，则表现为环境友好。人口承载理论是城市规模优化的重要标准，人类在空间内的活动不是一成不变的，遵循着阶段性的规律，1798 年，马尔萨斯（R. Malthus）出版的著名著作《人口论》指出人口过度增长的问题：人口的增长速度与资源的再生速度的不匹配，将导致人类活动的不可持续性。城市空间的人口规模也是存在软性"上限"的，城市群的活动需要在这个限度内实现优化。

1.3.2.2 经济学理论可持续发展理论中经济学理论要素的运用

可持续发展理论中的经济学理论体现在对已有经济增长方式的反思，分析不可持续的增长模式弊端、探寻经济活动与自然环境间问题的根源，同时构建符合可持续发展观的经济发展模式。

传统的经济模式只考虑资源，特别是自然资源的利用最大化；可持续

---

① 1987 年由世界环境及发展委员会在日本东京召开的世界环境与发展委员会大会上发表的《我们共同的未来》（布伦特兰报告）中的定义。

发展则要求关注环境生产，多种生产理论开始兴起，并同时开始考虑环境生产中的成本，也就从外部性等方面来考虑经济生产的成本。如保罗·萨缪尔森（Paul A. Samuelson）和威廉·诺德豪斯（William D. Nordhaus）将外部性定义为"那些生产或消费活动对其他个人或团体收取了不可补偿的成本或提供了无须补偿的收益的经济现象"①，从而应用于环境污染的成本。在城市群的发展中也需要考虑经济发展的环境成本，并同时从过去只重视经济"量"的增长，逐渐转变为对经济"质"的追求。

1.3.2.3 可持续发展理论中社会学理论要素的运用

可持续发展理论在社会学中主要体现为代际公平。社会学家塔尔博特·佩奇（T. R. Page）是最早提出代际公平的概念的学者，他认为社会的持续发展是指在两代人之间实现资源和权力的公平分配问题，如果将代际之间看作平等的发展主题，那么需要考虑资源在代际间的公平分配。

代际公平的社会学考虑在城市群中的发展应该是对于城市能否为代际之间发展提供同等，甚至更好的发展机会，这关乎城市及城市群的可持续发展。城市群的发展需要人才的流入、人才的扶持和未来人才的培育，其实质可以参照可持续发展中的保存选择原则、保存质量原则和保存接触和使用原则来保障不同代际、阶段人才的培养，吸引人才流入、帮助人才留住，引导人口合理流动。

1.3.2.4 可持续发展理论在城市群中的发展目标

成渝城市群的发展目标是高质量发展的空间集合，既要求发展质量，也要求发展的稳定性。而这个"优化"的重要体现则是可持续发展带来的发展目标，其发展要求是系统的、多维的。城市群内部的社会系统和自然系统是没有界限且相互作用的，最后反映出城市群发展的高效性。在多维发展中，成渝城市群要认清自己的发展优势和差异，不能一味地追求扁平化、统一化的发展目标，需要根据自身条件、环境和定位，现实差异化发展；这种差异化也是一种多样化，包含城市发展路径的多样化、多维度选择，而不是传统的单一增长路径。多样化的经济形态、文化形态将会帮助

---

① 萨缪尔森，诺德豪斯. 经济学 [M]. 萧琛，主译. 北京：人民邮电出版社，2013.

成渝城市群多样化、系统且综合的发展。公平发展要求成渝城市群作为一盘棋来发展，区域间要根据城市特点进行分工，给予城市群内部城市公平的发展机会，发挥各自优势。而共同发展也是在城市群内部城市分工合作，携手并进的基础上与国家发展目标以及期望相契合，同时放眼世界，将城市群的建设置于世界发展的进程中，高标准、高水平和宽视野的设计城市群路径，让成渝城市群发展成为世界级的城市群。高效的发展则是要以开阔的视野对待资源的利用，将技术革新和新的经济发展理念融入城市群的发展中，实现社会、经济、生态协调发展。这其中包含对资源的利用方式改进、人力资本的增加、生产效率的提高以及社会文明程度的提高，力争在最小资源消耗下获得最大经济收益。

1.4 城市发展与城市管理

城市的发展理论从回答城市为什么兴起到解决城市发展的问题延伸，形成从城市发展理论到城市管理理论的系统城市理论。城市发展的动力以经济学家弗朗索瓦·佩鲁（F. Perrour）的增长及理论为开端，他发现空间中有一些点，它的经济增长路径并不是均衡的，而是由一个"推动型单位"来进行原发驱动，该单位在创新驱动中通过集约化和规模化的优势，形成增长点，推动整个地区或部门的发展①。"非均衡"发展理论开始兴起，瑞典的缪尔达尔（G. Myrdal）创立了循环累积因果学说，阿根廷经济学家劳尔·普雷维什（R. Prebish）提出了中心—外围模型，还有约翰·弗里德曼（J. Friedman）的核心—外围理论，对发展中国家空间非均衡发展做出了解释。

1.4.1 城市发展路径研究

城市作为空间增长"引擎"吸引了大量人力、物力向城市聚集，城市

---

① 资料来源：佩鲁《略论经济增长极的概念》。

发展路径、规模及城市问题的解决也是学者关注的重点，出现了不同假说，如城市集中发展理论，如勒·柯布西耶（L. Corbusier）在20世纪出提出的以交通网络为纽带，构建高建筑密度、高人口密度的城市发展理念。20世纪中期，彼得·霍尔（Peter. Hall）根据格迪斯（P. Geddes）的思想提出的世界城市概念，将其构建为一个集政治、经济、文化、交流和休闲娱乐为一体的多功能城市，汇聚大量的人口与资源，具有世界影响力。1982年，约翰·弗里德曼（J. Friedmann）与沃尔夫（G. Wolff）共同发表了论文《世界城市构成：研究和行动的议程》[①]，以资源的控制中心来定义城市，强调城市对全球资源特别是资本的调动能力，另外还有国际大都市理论、城市集聚区理论以及紧凑城市理论等，都以集聚经济为原理提出城市集中发展。

相对应的，城市的分散发展理论在"城市病"显现的过程中逐渐发展，主要代表为田园城市理论、卫星城理论、有机疏散理论以及广亩城理论。这些理论都是从城乡和规划的角度来构建城市与农村、城市与城市的关系，如田园城市理论主要关注城乡一体化；卫星城市理论主要关注中心城市与卫星城市建的互动关系[②]，有机疏散和广亩城市理论讲的都是人口的外迁，通过网络化的形成独立有相互联系的城市结构，但这两种城市设想对交通条件和科技水平要求较高，现阶段难以实现。

折中的理论则是认为城市发展存在倒"U"形规律，首次提出这一观点的是威廉姆森（J. G. Williamson），他在论证区域非平衡发展中提出，在不同阶段区域非均衡发展形态是不同的，在初期倾向于非均衡发展，当发展到一定程度，非均衡性将减弱，而如果城市发展进入后期，将向均衡发展移动。后来很多经济学家也以此讨论城市合理的规模和优化的路径，本书也将进一步论证城市、城市群不同发展阶段的不同经济规律。

---

① FRIEDMANN J, WOLFF G. World city formation: an agenda for research and action [J]. International Journal of Urban and Regional Research, 1982 (3): 309-344.

② 蒙·温恩在1922年的《卫星城市的建设》一书中正式提出该概念。

1.4.2 城市管理理论

城市群的分工和规模的优化，除了聚集经济等因素的影响，还有城市管理者的引导和规划，而管理者除了常规的政府部门外，城市中的微观主体如企业、个人和其他团体都是社会管理的参与者和践行者，这一过程需要城市管理理论来指导，其代表为城市规划理论、传统城市管理理论、新城市管理理论。

城市规划理论，主要研究对城市的空间布局和对城市各项设施的综合安排达到对城市建设的全面计划，是一种管理的先行理论，在城市建设初期达到城市管理的目的，在城市规划中，将首先提出规划目标，包括空间目标、社会目标等，达到城市空间上的优化，以及微观主体经济、社会互动的便利和持久性。

城市管理还有传统城市和新城市管理理论的发展，相比于传统封闭性的城市管理，新城市理论强调开放性，引入更多讨论因子和目标，将微观主体与政府相联系、将市场行动与公共管理相联系，既强调不同角色参与者在城市管理中的分工以及合作，也主张引入其他理论来跨学科讨论城市管理。

1.5 城市群资源利用与发展研究协同相关研究

城市群资源的评估与最优规模的优化，其目的是需要实现资源合理配置与利用，而城市群作为区域发展的主体形态，资源必然在城市群范围内实现协同利用。因此，本书也将研究如何实现城市群内部的资源协同和配置。城市群中资源配置是多样的，经济学家 Porter（1998）在《簇群与新竞争型经济》中提到的资源是多元化且系统的。在自然资源中，有土地、水资源、矿产资源等。在经济资源中，则需要关注人力资源、技术革新、公共服务等。另外随着社会的发展，资源种类也在增加，如金融资源、数据资源等。多种多样的资源同时在城市群经济集聚，并通过这些要素集聚、配置和使用来实现城市的发展。

但资源集聚的效率，其实是指资源在空间中通过合适的组合实现城市产出的最大化，转化一下，也可以表达为在一定资源配置下生产等量产品能达到的成本最小化。通常包括资源集聚效率和资源利用效率。而城市资源的空间分布可以是网络化的，通过优化空间结构来提高资源流动和配置效率（白永平，2012），另外社会创造资源如金融资源的溢出效应突出（任英华 等，2010），能源的利用也会因为集聚而减少能源耗散（师博，沈坤荣，2013），人力资源与知识技能等创新资源（陈菲琼，任森，2011）的形成和利用也十分重要。但上述研究集中于一种或两种资源，未系统地对城市群内部的资源的聚集和利用开展综合性的研究，因此，很难对资源整体配置水平进行评价（鲁平俊 等，2015）。

对于以城市群为对象的资源配置效率研究，部分学者也探讨了资源聚集对城市群发展的作用效果，主要有三类观点：一是资源聚集带来的聚集经济效应能够为城市群发展带来正效应，主张城市群应该进一步聚集资源，扩大规模，即使是世界上最大的都市区也可能仍低于其"最优"规模（Mera，1973）；二是认为城市群资源过度集聚，仍然会因资源错配带来负效应（Kahn，2010）；第三类则是折中观点，认为资源在城市群的聚集会带来正反两种效应，一方面能够通过资源网络化提高效率，但另一方面仍会存在空间上的资源错配（Arnott，2016）。不可否认的是，无论存在哪种影响，以城市群为空间单位的资源配置方式，必然带来资源利用效率和影响的新变化（Mills，1967）。

城市群的发展和规划目的是减少城市间的过度竞争，形成协调有序、分工合理的城市发展共同体，而改变过去"大而全、小而全"的城市建设困局。在这一过程中，城市在产业中的分工是重点，目前城市群的分工从产业间分工向产业链分工演变，产业分工也无法满足城市多方位的协同，而需要向功能分工转化（刘汉初 等，2014）。由此，城市群的资源协调和分工，需要以城市间的链接为纽带，形成专业化和多样化共存的非均衡发展极（Nakamura，1985）。而其中的资源调配是需要以人口为主的社会资源，以金融资本为代表的经济资源和以土地为代表的自然资源的优化和组合（Mills，1967；Wheeler，2001）。这一过程，需要积极调动微观主体，即企业、个人的积极性，通过科学技术实现资源共享和信息传播，以政府城市管理和宏观引导，实现资源的空间配置（Helsley & Strange，1990；Combes et al.，2012）。

但纵观城市群发展现状，城市群中的资源利用效率依然不高，资源约束力依然较强。一是我国典型城市群依然面临产业结构趋同，环境管制分隔，水资源、大气环境和固体废物污染严重等问题，资源环境承载压力较大（王树功，2002），特别是土地资源、水资源等，城市群发展中的必要自然和经济资源，总量趋紧（熊鹰 等，2016）。二是城市群内部对资源的竞争日趋激烈。曾经一些地方政府在"晋升竞标赛"的激励下（周黎安，2004；2007），采取通过各种方式吸引投资，虽促进经济增长，但也造成了一些地方政府的过度竞争，导致区域效率损失（李长青 等，2018）。其主要表现则是城市间产业结构同质化，对关键的人口和科技等资源争夺激烈，再加上政府主导的资源流动，使得城市群内部资源流动不平衡，资源的"虹吸"效应明显。

因此需要通过城市群内部的协同来提高资源配置效率，在这里面既要利用城市群的联动优势，也要注意城市差异带来的协同"壁垒"。将城市群看作是各个子系统组成的复合系统（周干峙，1997；王维国，1998；党兴华 等，2007），需要各个方面进行协调配合，这个过程是竞争博弈和协作互动的过程（程玉鸿，罗金济，2013），这其中离不开产业的扩散与集聚、城市规模的合理分布以及城镇化发展的进程（郭子彦，2007；乔彬，李国平，2006；庞晶，叶裕民，2008），而政府协调机制也是不容忽视的要素（赵坤，2008；王玉珍，2009）。落实到具体措施中则需要通过削弱行政区划壁垒，来提高产城融合效率，实现城市内部、城市之间和城市群的可持续发展。

有学者提出，城市群的协同发展主要破除两大壁垒：一是削弱"行政区划壁垒";二是强化产城融合效应。行政区划是影响区域产业分工和合作的重要因素，如城市过去的"晋升竞标赛"（周黎安，2004；2007）带来的效率损失，也是行政区划壁垒带来的竞争产物，再加上行政上的信息不完全，也会带来城市的重复建设和资源的无效利用。要破除"各自为政"的城市建设现实，向城市功能分工转化，就需要削弱因为行政分割带来的经济分割，实现资源整合（Van Oort，2010；Fitjar et al. 2011）。产城融合主要是解决目前"产城分离"等城市发展困局，特别是在大型核心城市周边的城市发展，常常面临发展动力不足、产业可持续性弱等问题，需要以科技、交通为依托，以网络化、智能化、信息化为方向，实现产业与城市空间上的整合与功能融合，提高配置效率（Kloosterman et al. 2001；Fan et al. 2003；Ellison et al，2010）。

在城市群发展中，还需要关注区域异质性和个体异质性。一是区域上要正视东、西部城市群的经济规模差异、发展环境差异和发展基础差异。相比而言，东部地区城市群区位优势明显，要素禀赋较高，发展基础也更好，其发展和中、西部地区城市相比起步更快，定位更高（刘胜，2019），而西部地区城市群如成渝城市群应该找准自我定位，切勿盲目向东部发达城市群跟风。二是微观主体中，企业成分也存在影响，如民营份额更多的企业在获取经济发展资源方面处于劣势地位，抵抗市场风险的能力相对薄弱（Liang，2012）。因此，民营企业的发展有赖于城市内部生存环境的改善，而城市群需要以企业和个体的生产、生活环境优化为目标发展。三是城市群层面的合作对吸引外商直接投资流入有重要影响。外商投资的决策也受到了城市群的影响，由单纯对某个城市的考察，转化为对区域和城市群的考察，这一过程中，市场规模、劳动力以及政府各种优惠等，都会影响到投资的空间决策（Feils，2011；Assun et al，2011）。四是不同经营特点的企业也会受到城市群的发展而改变其生产选择，如外贸企业和非外贸企业的不同反应。外贸企业对于市场信息的获取要求更高，要求环境对市场有更高的灵敏度，营商环境要求高，对城市群的发展反应将更为突出（Guerrieri et al. 2005；Francois et al. 2008）。资源在城市群内的配置，将更好地为出口企业提供相应的产品与服务，降低资源离散带来的生产成本。因此在城市建设中，加强出口企业服务，将有助于提高城市群的对外开放度。

1.6 理论总结

集聚经济理论、人口迁移、可持续发展和城市管理等理论在各自领域形成了丰富的理论成果和行动指导，但是对城市群的研究还有待深入，特别是我国城市群发展虽然已经起步，但从国家层面系统地思考城市群的发展目标、路径还属于起步阶段，需要将上述理论进一步与城市群的发展，特别是成渝城市群的发展相结合。另外，纵观已有文献，学者对城市群的资源配置效率有丰富的研究，但还有以下几点尚待补充：

一是对城市群资源协同的理论研究有待加强。由于我国城市群发展还处于雏形期，许多研究都是对现有城市群某一类或几类资源配置基础的探索和测算。如对城市群的科技资源（苑清敏 等，2016）、外商投资资源（刘胜，申浩明，2018）的协同水平和差异测算，其目的都在探索城市群当前的资源使用效率如何，以及城市内部的异质性，对城市群内部资源的经济属性、社会属性和自然属性没有开展理论分析，也未对资源的流动性和竞争性进行分析。本书意在从理论角度对城市群内部的资源经济属性、社会属性和自然属性开展理论探索，并在此基础上分析城市内部、城市间以及城市群总体的资源流向和竞争方向，构建城市群内部资源协同理论机制，从而提高资源配置效率。

二是对城市群资源协同研究的系统性有待加强。当前的研究多是关注城市群内部某些资源的配置效率和协同效率，除了前述提到的科技资源、外商投资等，更多的研究放在了自然资源的协同和使用上，如土地资源（山东国土资源厅，2006）、水资源（熊鹰 等，2016）、森林资源（李虹等，2019）和金融资源（赵曦，王金哲，2019）等单一资源上，但城市、城市群的发展是集自然、经济、社会资源为一体的系统资源的优化过程，单一资源的利用无法对城市群的发展做出全面的解释，且单一资源效率的提高也无法证明其城市效率的优化，需要通过系统的资源体系的构建，来分析城市的资源配置效率和资源流动过程。本书将构建经济—自然—社会为一体的资源框架，将当前城市发展核心资源如人口、经济、自然和社会资源纳入统一的框架内，分析成渝城市群资源配置效率及优化方向。

三是对成渝城市群的研究成果有待丰富。已有研究多是对全国总体，或者东部城市群或某一城市进行研究，对成渝城市群的研究较为欠缺。成渝城市群在我国区域发展中具有重要地位：第一，该城市群是西部地区主要经济增长核心，长江经济带重要支撑点，战略地位显著；第二，成都和重庆双核心"虹吸"效应显著，城市竞争激烈，其问题具有典型性；第三，在政策扶持和新经济形态迸发的背景下，西部城市获得跨越式发展机会，通过资源协同实现城市结构优化和高质量发展具有良好的示范作用。研究成渝城市群的资源的优化配置除了实现成渝城市群的可持续、健康发展外，还为西部在探索在生态可持续下如何形成西部地区乃至全国经济增长极具有重要的理论和现实意义。但当前的研究对成渝地区的关注不足，多是对具有丰富发展成就的长三角城市群或者协同水平较高的京津冀城市群展开深入研究。本书将立足成渝城市群，通过对其发展历史、发展问题以及未来发展方向的系统研究，分析成渝城市群联动效益和资源配置效率，助力成渝城市群和谐健康发展。

2 成渝城市群发展历程

在世界范围内，城市以及城市群的发展其实就是经济发展下的空间产物，伴随着工业化和城市化的推进，城市和城市群自然会出现，如伦敦城市群，被认为是世界最早出现的城市群，就是工业革命的发源地（王乃静，2005）。随着法国、德国的兴起，两国经济生产方式的转变和人口在城市的集聚使巴黎城市群和莱茵城市群逐渐形成（黄建富，2003）。随着工业的进一步发展，美国工业和电气化革命伴随形成了以纽约、波士顿为中心的大西洋沿岸城市群（王召东，2007）。二战后，随着日本经济的复苏，形成了世界城市密度最大的东京—大阪城市群（曾艳红，1998）。随着中国经济水平的提高，技术的应用以及产业链的不断延伸，城市与城市之间的商业往来也逐渐形成，城市空间效应也在不断变化中逐步加深，伴随着劳动力对于更高生活和生产条件的追求，人口在城市间的流动，带来了社会资源和经济资源的流动和更新，也进一步促进了城市生产条件和生活环境的改善（刘胜，申明浩，2018）。

2.1 中国城镇化与城市群发展

我国城市群发展，是一个自然而然由个体到局部，由自发到引导，由萌芽到成型的过程。第一阶段为萌芽阶段，主要从改革开放到21世纪初。这一时期我国经济快速发展，但由于户籍制度、经济水平发展等因素影响，城镇化步入稳步发展阶段，城镇化率年均增加约 0.8 个百分点，且就地城镇化成为城镇化的主要方式；再加上城市规划远远落后于城市发展速度，导致人口集聚带来的"城市病"影响加大，于是当时主要制定的是"严格控制大城市规模、合理发展中小城市、积极发展小城镇"的战略。

在此背景下，这一时期小城镇发展迅速，人口 50 万以下城镇数量从 153 个增加到 570 个，但大城市的数量基本未变。小规模城市的"遍地开花"导致资源集约利用程度不高，土地等资源利用率偏低（王小鲁，2010），但不可否认，经济的快速增长，农村富余劳动力的增加使得城市群发展进入萌芽阶段，也形成了长三角、珠三角等城市群的雏形。

第二阶段为快速发展阶段，时间主要是从 2001 年到 2015 年。这一时期，城镇化率年均提高 1.25 个百分点，达到历史最高水平，城镇人口由 4.81 亿上升到 7.7 亿。这一阶段，国家逐渐从控制大城市的发展向"大中小城市和小城镇协调发展"战略转变，大规模城市数量快速增加，并在各个区域起到重要引领作用，如长三角城市群中的广州市和深圳市，京津冀地区的北京市和天津市，成渝地区的成都市和重庆市。大城市的承载能力和资源利用效率开始越来越受到大家的重视，特别是以北京为中心的京津冀地区城市承载、成渝地区的环境问题都成为关注的焦点，再加上以城市为代表的区域竞争愈加激烈，不同规模城市产业布局雷同、发展目标类似、同质化竞争的问题也十分突出，如何实现城市的协调发展和承载能力的匹配，成为城市发展关注的重点。

第三阶段为城市群兴起及全面发展阶段，自此，我国城市群发展进入国家背书阶段，国家相继出台了全国范围内的多项城市群规划，并且也对城市的发展政策进一步放宽。由"有序放开中等城市落户限制，合理确定大城市落户条件，严格控制特大城市人口规模"的政策进一步细化到"城区常住人口 100 万~300 万的 Ⅱ 型大城市要全面取消落户限制；城区常住人口 300 万~500 万的 Ⅰ 型大城市要全面放开放宽落户条件，并全面取消重点群体落户限制；对于超大特大城市，提出调整完善积分落户政策调整"，表明当前城市化发展迎来了国家政策的加持，资源将更加有序、有力地向城市群特别是具有核心竞争力的城市流动，但需要注意的是，如何通过现代技术和管理手段，减少城市资源集聚带来的效率损失，即优化资源效率和空间布局，实现城市群之间、城市群内部和城市的协调发展。

2.2 川渝地区城市群发展历史

成渝城市群是以成都市和重庆市为核心的城市发展集群，作为西部地区重要的中心城市，成都和重庆两个城市既相互促进也相互竞争，在城市群内部乃至西部地区形成巨大的"虹吸"效应，成都和重庆的发展由来已久，了解其发展历程和历史渊源，有助于认识成渝城市群内部的资源利用现状和形成原因。

2.2.1 新中国成立之前发展情况

在新中国成立之前，成都和重庆作为西部重镇，在军阀混战时期、抗日战争和解放战争时期两地都发挥出了重大作用。1911 年 6 月，著名的保路运动就在成都发起，这次运动为武昌起义的胜利创造了条件，也为当时全国革命形势的发展开辟了道路。同年 11 月四川宣布脱离清朝统治。1914 年，北洋政府在成都设置西川道，下辖成都、华阳等 31 个县，后来将川西道改为省，成都成为省会城市。新中国成立后，将四川省改为川西行署区，成都也随之成为署区驻地。1952 年，全国范围内撤销了署区管理体制，四川也随之成为西部大省，成都也自然而然成为省会城市。

相比于成都地理辖区的稳定，重庆辖区的边界几经变换。在民国时期，重庆成立埠督办处，但是其区划范围并没有确定，而是以一个较小的范围作为管辖区域。随着埠督办处转变为市镇公所，其发展也逐渐稳定，开始城市建设，并将重庆的管辖范围进行了限定，但是其边界仍然模糊。重庆在新中国成立之前行政级别最高的时期为 1937 年，国民政府的"迁都"，使重庆正式成为"战时首都"，并成为名副其实的政治、军事、经济、文化中心。在此过程中，重庆的经济也得到了突破性发展，大量企业内迁，使重庆成为以军工业为突出产业特色的工业重镇。而重庆也进一步"扩容"，陆续有多县划入重庆市，重庆也成为继南京、上海、天津、青岛、北平后的第六个中央院辖市。新中国成立后，重庆市并入四川，成为四川重要管辖地区。

可以发现，新中国成立之前，重庆以其独特的地理优势和工业条件，成为抗战时期重要的政治、经济、文化和军事中心，地理区划和行政职能也在不断扩大。但同时重庆也在抗日战争中受损严重，数据显示，1938 年开始，日本对重庆实行了长达 5 年半的轰炸攻击，上万次炮轰使得城市人民生命和城市建设受到极大影响。

相比之下，作为大后方的成都受到的战争损失较小，作为抗战大后方，大批机构，包括高校、工厂和事业单位内迁至四川，成都在此过程中获得了较大发展，主要体现在人口规模增加和产业发展迅速。在此过程中，成都除了形成了较为全面的工业产业体系，还形成了自生产、运输到销售全产业链的产销体系。在抗战期间，成都除了吸收从其他地区转移的工厂、学习、军事和政治机构外，也向前线输送了大量的人力、物力。

2.2.2 新中国成立之初发展情况

新中国成立之后，国家百废待兴，成都市和重庆市的发展也逐渐稳定，在撤销署区管理后，四川省将川南、川北和川西署区合并，统一由四川省管辖，出于各方面的考虑，将成都选为省会城市，重庆直辖市被撤销，成为四川东北部最重要的城市。

新中国成立后，两个城市都发展迅速，特别是"三线建设时期"。因国家战略需要，大量的投资向三线地区集聚，据研究，"三五""四五"时期，国家对四川投资总额高达 68.89 亿元，约占同期国家对全国基本建设投资总额的 9.8%，以及国家对三线地区基础建设投资总额的 23.7%，远超其他省份[①]。与此同时，大量的工人、知识分子、军政干部迁往三线地

---

① 李杰. 四川"三线建设"中的要素流动与资源配置：经验、教训与启示 [J]. 时代经贸，2021 (6)：91-94.

区，对西部地区工业发展和经济建设起到重要促进作用。

成都在此轮建设中，发展迅速，建立了一系列大型的国有企业，涉及装备制造如发动机、飞机等，机械制造水平大大提高。在电子元件和军事装备制造上的生产能力也提升迅速，并就此形成了较为完善的工业体系。大到汽车整车制造、飞机制造、机械成套设备制造；小到刀具的生产，化肥的生产和抗生素的研制，在许多产业都达到国内领先水平，同时也形成了重要的战略性产业，如电子信息原件制造和军工产业等。

而"三线建设"中的重庆则是重工业突出。在原有军工产业的基础上，进一步加大军事工业和重型装备的制造。在主要领导人的支持下，重庆成为武器制造和重要装备的制造地，形成了建设机床、汽车、船舶等的重要基地。最后依托机械制造的优势，形成了集军工、船舶、航天、冶金、汽车等多种工业为代表的工业体系。值得一提的是，在这一时期，大量的投资，让山城重庆的交通设施建设也获得了长足的发展①。

2.2.3 改革开放后发展情况

改革开放后，成都市和重庆市的发展更为迅速，城市建成区面积不断扩大，城市人口规模不断扩展，从拥有一百多万的人口的城市成长为千万人口的大城市，经济产值提高更为迅速。地区生产总值按照名义货币来计算，2017年更是1978年的420余倍②。城镇化率不断提高，截至2017年年底，成都市城镇化率超过70%，成都市也逐渐从一个区域型城市成长为国家级、世界级的城市，在产业上，成都市成为国家重要的高新技术产业基地、商贸物流中心和综合交通枢纽。在城市功能定位上，是西部地区重要的中心城市，也正着力打造建设国家中心城市。在城市品牌建设上，已成为世界美食之都、国家历史文化名城。

重庆也在改革开放中不断充实自己，1983年，重庆版图再次扩大：永川地区8个县划入重庆市管辖，重庆市也成为计划单列市。1997年，重庆

---

① 重庆市地方志编纂委员会总室. 重庆市志：第1卷［M］. 成都：四川大学出版社，1992.
② 数据来源：《成都市统计年鉴2018》。

市成为我国第四个直辖市，行政级别进一步提高。在直辖市的行政优势下，2018 年，重庆市的地区生产总值按照名义货币计算是改革开放之初的270 余倍，非农人口是 1978 年的 5 倍[①]。重庆也成为国家重点建设的五大国家中心城市之一。

2.3　成渝之争与城市群发展问题

自重庆成为直辖市以来，两个城市的竞争便更明显，成渝之间从味蕾之争到性格之争，再到产业之争，大家彼此都不服输，"第四城""金融中心""交通枢纽"……从文化到产业，再到城市定位，成都和重庆展开了全面竞争。在产业方面，以电子信息产业和汽车产业为代表，两个城市展开了激烈的争夺。在电子信息产业方面，成都将其作为战略性新兴产业，城市内集聚了大批从事信息技术服务的企业、人才，并吸引了国内外著名的信息技术公司入驻成都，其目标也向打造"全球电子信息先进制造基地和世界软件名城"迈进。

而重庆也将电子信息产业作为城市发展的战略性产业，并出台大量政策支持电子产业的振兴发展。电子产业产值在全市经济产值中占有重要作用。城市也在大力引进全球范围内的知名企业入驻，形成了电子信息产业集群，并在以此为契机，举办的中国国际智能产业博览会中，重庆也获得超过 5 000 亿元的项目投资[②]。电子信息产业俨然成为两个城市未来争夺的重点。

对于成都与重庆的竞争，学界、文化界、舆论界对此讨论甚多，许多由此而衍生的各种故事也从官方或非官方的渠道被大家熟知。两个城市上到城市影响力、战略性产业如电子信息、装备制造业的竞争，下到民间文

---

① 数据来源：《重庆市统计年鉴 2018》。

② 中国日报网. 2019 中国国际智能产业博览会开幕 签约项目 530 个总投资 8 169 亿元［EB/OL］.（2019-08-26）. https://baijiahao.baidu.com/s? id=1642973835744063046&wfr=spider&for=pc.

化如"火锅文化""美女经济"等都展开了有形或无形的竞争,而两个城市全方位的竞争,在某些领域已经过度竞争,这对于城市发展而言,将导致区域效率损失(李长青 等,2018)。从全国范围来看,城市竞争随处可见,近年来我国城市规模分布出现集中化趋势,城市规模失衡问题严重(孙斌栋 等,2019)。以成渝城市群为例,两个核心城市的经济总量和人口总量增加显著[①],从一个侧面反映核心城市的极化问题加重,见表 2-1。

表 2-1　成渝城市群双核城市经济与人口占比变化　　　　单位:%

年份	GDP 占比		人口占比	
	2010 年	2017 年	2010 年	2017 年
重庆市	34.2	36.6	30.1	30.9
成都市	23.9	26.2	14.7	16.1

"成渝之争"实质是资源之争,从历史角度看,作为西南地区最大的两个城市,面临的发展机遇、发展政策都多有重合。从抗战时期的内迁到"三线建设"的支持再到改革开放后的西部大开发和承接东部和国外的产业转移,两个城市都面临相同的机遇和资源,再加上城市人口众多,发展需求旺盛,对于资源的争夺更是激烈和全方位的。

两个城市地理位置相近,发展定位相似,随着两个城市的不断发展,经济边界也不断扩大,两个城市的发展难免存在资源竞争的情况,成渝两个城市在成为带动区域发展的核心城市,自然成为成渝城市群资源争夺的主战场。

2.3.1　核心城市竞争激烈,发展协调度低

我国区域经济发展中,以双核城市驱动的城市群并不少见,如青岛和大连、广州和深圳等,但这些城市发展特色突出,产业分工也较为明显。反观成都和重庆的城市发展形态,由于发展资源、发展条件相似,两个城市产业结构相似、发展空间重叠、产业竞争激烈。另外,受到行政区划、

---

① 数据来源:《四川省统计年鉴 2017》和《中国统计年鉴》。

政府管理和历史文化等因素影响，两个城市的发展协调度低，虽然开展了一些不同层面的政府协调措施，但系统性的、高级别的协调制度还未建立。两个地区在制定相关产业发展规划时也缺少协调。以文化产业规划为例，无论《重庆市文化发展"十三五"规划》，还是《成都市文化产业发展"十三五"规划》，两个城市的发展规划中，都未从成渝整体发展来考虑两个城市的协同发展问题。由此可见，成渝两地竞争激烈，而扩展到城市群，16个城市在产业发展规划与空间布局上都存在竞争大于合作问题①。

2.3.2 次级城市的差距较大

成渝城市群作为城镇密集度最高的城市群之一，包含重庆的渝中、万州、黔江、涪陵等27个区（县）和开县、云阳的部分地区，以及四川省的成都、绵阳（除北川县、平武县）、达州（除万源市）、雅安（除天全县、宝兴县）等15个市，但除了两个核心城市重庆市和成都市的经济发展体量大，人口规模多外，其他城市的发展规模却相对较小，与核心城市的差距有扩大之势。一方面，成渝两个城市规模进一步扩大，经济聚集能力强，城市承载能力受到挑战；另一方面，其他城市发展后劲不足，各城市行政区人口数量虽多，但是其城区集聚人口较少，城市人口聚集动力薄弱，对城市群相关职能承担不足，对周边区域和小城镇辐射带动力欠缺，特别是对连片贫困区域的发展带动力不足。

2.3.3 协同发展机制不健全

由于成渝城市群内部的城市和区县分属重庆市和四川省两个行政区域所辖，行政壁垒可能会带来协调的困难和竞争的增加，两者从管理协同、产业协同、资源协同方面都存在机制不健全的问题。在城市管理上，城市群内部各城市间的基础公共服务一体化、均等化发展水平低，发展共建共享机制还未形成。行政区划分割思想严重。在产业发展方面，许多产业规

---

① 中国经济网. 马健：设立成渝城市群文化体制改革与文化产业创新试验区的战略构想 [EB/OL]. (2018-04-04). http://finance.jrj.com.cn/2018/04/04105124350067.shtml.

划重合，产业特色和城市定位都存在交叉重合的现象，在招商引资，产品销售上都存在城市间的竞争大于合作的现象，地方保护主义难以消除，且出现隐蔽化趋势，城市群内部未形成统一市场。在资源利用方面，自然资源、社会资源和经济资源的利用与城市发展水平十分相关。部分自然资源存在区域固定性，而能源与经济资源却存在流动性。城市之间自然资源存量相对固定，其利用水平与当地经济发展和人口生活方式有关，由于城市间协同机制不健全，造成自然资源利用不平衡现象，一些地区自然资源丰富、可承载能力强，但利用不充分。一些地区自然资源利用过度，资源可承载力超载，但无适当补充。社会资源和经济资源与城市发展水平相关，由于城市间协同度低，一些城市社会、经济资源总量规模小，质量低，高质量资源不充分和低水平资源闲置现象并存，而核心城市经济、社会资源聚集能力强，高质量的资源不断增加。资源在城市间的流动缺少机制引导与保障，导致不同城市资源利用效率差距明显，居民资源获取能力也存在明显差距。

城市竞争、城市发展不平衡和城市间协调度低，都影响着城市群的整体发展和对周边区域的带动能力。上述现实挑战和突出问题，其实质都是资源协同机制不健全带来的资源利用问题。以城市群为主体区域发展形态，意在破除城市行政壁垒引起的资源协同壁垒，而成渝城市群作为西部地区重要的经济增长区域，更应该实现资源的协同利用，将区域竞争转化为城市协作，实现城市群整体的资源利用优化，进而发挥西部地区的特色资源优势，助力西部地区发展。

在此背景下，如何破除当前问题，实现城市协调、资源协同就成为成渝城市群发展的首要课题。2016年3月，国务院常务会议通过《成渝城市群发展规划》（以下简称《规划》），对成渝城市群的城市功能定位、分工和发展方向进行了细致的规划。在这里还突出了城市特别是中心区域城市的城市空间规模和人口规模，要求按照资源环境承载能力、现有基础和发展潜力，科学确定城市群边界。在城市群内部，需要从提升区域整体竞争力出发，明确城市功能定位，推进协同发展，在优势互补、错位发展中确定城市分工。另外，绿色发展、改革创新、处理好市场与政府的关系都是对成渝城市群发展的基本要求。

2.4　成渝城市群由来

2.4.1　成渝城市群先期发展历程

成渝城市群的发展是在上下联动中发展起来的，在这一过程中，国家层面和成渝两地都在不断探索其发展模式，并且从经济区到成渝城镇群，再到成渝城市群的转变。在我国的"十一五"规划中，明确提出成渝经济区的建设。至此，川渝"合体"发展成为主旋律，2016 年，《规划》正式发布，成渝城市群空间范围正式确定，成渝地区协同发展上升到国家高度。再到 2020 年 1 月，"成渝地区双城经济圈"的正式提出，对成渝地区的发展提出了更高要求。本书将以时间为脉络，梳理这一时间段成渝城市群发展的历史进程，见表 2-2。

表 2-2　成渝城市群前期发展时间轴

时间	层级	发展内容
2007 年	四川省	《关于推进川渝合作共建成渝经济区的协议》
2007 年	国家级	《西部大开发"十一五"规划》：将成渝经济区建设成为带动支撑西部大开发的战略高地
2008 年	四川省、重庆市	将成渝经济区列入五年重点推进工作
2011 年	国家级	《成渝经济区区域规划》
2011 年	四川省、重庆市，住房城乡建设部	《成渝城镇群协调发展规划》
2015 年	四川省、重庆市	《关于加强两省市合作共筑成渝城市群工作备忘录》
2016 年	国家级	《成渝城市群发展规划》获批
2020 年	国家级	"成渝地区双城经济圈"提出

2.4.2 成渝城市群成立后的合作行动

2016 年，随着国家发展改革委、住房城乡建设部联合下发《国家发展改革委 住房城乡建设部关于印发成渝城市群发展规划的通知》，成渝城市群协同发展的概念、行动指南和目标正式明确。此次提出的发展概念和范围与以往相比主要体现为以城市作为区域发展的主要形态来进行谋划。不管是早期的"经济区"概念还是"城镇群"概念，其发展主体形态并没有明确，都存在大小一起抓、重点不突出的问题，其发展空间一定程度上是匀质的。而成渝城市群规划，其明确了城市作为带动区域发展的主要形态，以城市作为抓手，带动区域发展，其发展空间是以点带面的发展，发展有重心，协同有对象，成为此次成渝城市群发展的重要特点。

该规划发布后，成渝城市群的发展进入实质合作阶段，不同层级，不同机构，不同区域开展了多样的合作模式，如 2017 年四川省 4 个地级市和重庆市的荣昌、大足、铜梁、潼南、永川等共 13 个市区县在重庆荣昌召开渝西川东经济社会发展协作会。城市群内部自主开始进行协同发展，且合作的方面十分广泛，包含了经济社会发展、交通建设、环境保护等多个方面，并且建立了合作长效机制[①]。

自成渝城市群规划出台以来，规划内的城市通过各种形式、各种组织开展了丰富的交流和合作，但在合作过程中，仍然存在合作协议难以落地或未完全落地的情况，这一方面是行政区划和经济发展差异的限制，另一方面则是城市群未在更高层面搭建起沟通合作的平台，自下而上的合作也难以统筹到成渝城市群总体发展的一盘棋上。在未来的发展中，需要以国家政策为导向，特别是以成渝城市群为框架的成渝双城经济圈的提出，更加明确了地区的发展方向和基调，但围绕核心城市的发展必然会带来周边城市的资源重组和流动，需要更高层级、更具行动力的合作方案，让城市群的联动付诸实践。

---

① 重庆日报. 第二届长江上游地区省际协商合作联席会议在四川成都召开 [EB/N]. (2018-07-27). https://epaper.cqrb.cn/html/cqrb/2018-07/27/002/content_208707.htm.

3 成渝城市群发展定位与现实

自《规划》发布后，各城市都在此框架下有了较为明确的发展方向，而城市群总体也有了一个大致的发展目标向。该《规划》明确具体规划时间为 2016—2020 年，远期规划时间为 2030 年。各地区也依照发展规划和自身情况制定了区域协同或自我发展的规划和定位。通过对国家层面、区域层面以及城市层面的发展规划和定位的比较，可以对城市群内部的城市基础、城市分工和定位有一个较为清晰的认识，也可以帮助我们检验城市群的发展成果，并进一步发现问题，实现城市群内部在发展中协作，在合作中壮大的目标。

3.1 成渝城市群发展定位

《规划》涉及四川省 15 个地级市以及重庆的大部分地区。该规划对城市群整体的定位为"引领西部开发开放的国家级城市群"，依托三大国家战略（"一带一路"倡议、长江经济带建设和西部大开发）规划发展成为全国重要的先进制造业和战略性新兴产业基地、世界级文化旅游目的地、全国重要的商贸物流中心、长江上游地区金融中心等总体定位，形成完善的、规模化的现代产业体系。而该规划的关键词是"合作"，其涉及的城市群发展定位和愿景，都需要地区间通力合作才能达成。

3.1.1 城市群总体定位

在内陆开放型经济战略高地建设中，长江黄金水道的打造和西南西北通道建设都需要城市间的沟通和合作。人流、物流、资金流和技术流在长江经济带和丝绸之路经济带上的运动，并不是部分核心城市的"一枝独秀"，而是城市之间在功能定位、产业融合以及技术创新中的合作。通过资源的聚集、发散、利用以及再生，形成充满活力、体系完善的开放平台。

城乡统筹发展示范区的建设同样需要城市间的合作，农业转移人口市民化，背后是城市社会资源的可得性问题。社会资源如果只在某一城市大量累积，如最优质的的教育、医疗和最完善的社会保障只存在于某些少数城市，那么人口将大量涌入，资源的价格将被推高，导致许多人无法获得应有的社会服务，而进一步也会使得农村专业人口的市民化成本升高。而农村产权流转交易、城乡要素自由流动等问题，都涉及不同城市农村人口、农地以及城乡要素的利用和转化，如果没有城市间的合作，那个别城市的要素流动空间将随着城镇化的推进而缩小，反而限制了要素的自由流动。

成渝城市群的另一重要任务则是打造长江上游生态屏障。生态文明的保护最重要的就是自然资源的保护与开发。自然资源的保护和开发更是需要城市间的通力合作。由于自然资源的经济性、流动性和利用外部性特征，自然资源的利用和再利用将影响到城市群的经济发展水平和生态水平。一方面，自然资源使用总量水平一定程度上反映了城市的发展水平，例如能源使用等。另一方面，自然资源的过度使用不仅对城市内部也会对其他城市生态造成破坏，如水污染、空气污染等。因此，对于打造美丽中国的先行区，需要在城市群内部规划好自然资源的利用与开发，特别是作为长江上游的生态屏障功能，对成渝城市群的生态保护提出的更高的要求，这并不能仅仅依靠部分沿江城市一己之力便可完成，需要城市间在自然资源的利用、开发和保护上进行全方位协作。

3.1.2 城市群区域性定位

在《规划》中，对城市群内部的定位主要依托地理环境特点以及产业的协同性进行区域上的划分，在空间上形成了"一轴两带、双核三区"的主要空间格局。而根据产业、生态安全格局，也形成了不同功能分区。

"一轴"指的是成渝发展主轴，即以成都和重庆为双核心，带动两个城市之间的沿线城市发展，其主要着力点为通过加强基础设施的建设，大力发展现代服务业和制造业，并形成优势明显的产业集群。"两带"指的是沿江城市带和成德绵乐城市带。两个城市带都各有一个核心城市引领，其发展也是各有侧重。沿江城市带以重庆为核心，依托港口建设，以铁路、公路配合，加强泸州、宜宾等川内城市与重庆多个节点城市的发展，以长江黄金水道为依托打造物流基地，同时加强环境保护，特别是对长江生态环境的保护。成德绵乐城市带以发达的陆路交通为支撑，以成都天府新区、成都自主创新示范区和绵阳国家科技城为依托，加强平台建设，形成高新技术产业集群，形成战略性产业的合理分布和集聚，如电子信息产业、航天航空等特色产业的优势强化，加强装备制造业发挥的基础性作用。"双核三区"是以重庆和成都为核心的都市圈发展以及川南、南遂广和达万城镇密集区的集群发展。

在产业方面，成渝城市群将着力打造五个优势产业集群和一个特色旅游目的地。其中装备制造产业以重庆和成都以及重点城市呈"飞机型"分布，重点发展成套装备，涉及四川 10 个城市和重庆 5 个区县；而中间节点城市或地区主要推进配套协作，涉及四川 5 个城市和重庆 6 个区县。战略性新兴产业集群同样以成都和重庆国家级新区为引领，涉及四川 10 个市和重庆 18 个区县为重点支撑；特色资源加工业则是以能矿资源富集区为基地，涉及四川 6 个城市和重庆 5 个区县为重点产业基地。农林产品加工业基地则是以特色中药、白酒及特色农产品为重，而相关产业如皮革纺织、家具等也纳入产业基地建设，涉及四川 10 个城市和重庆 14 个区县。最后是旅游商务休闲集群，以成都、重庆为引领，涉及四川 5 个城市、重庆 5 个区县。

3.2.3 城市群内部城市定位

《规划》对涉及的四川 15 个城市和重庆 27 个区县中的各个城市在城市定位、城市规模和产业发展上做了较为具体的规划。此次《规划》纳入的四川 15 个城市，GDP 总量占全省 88%左右；重庆共有 39 个区县，其中 27 个区县纳入《规划》，占全市 GDP 的 84%[①]左右，成渝城市群包含四川和重庆主要经济发展区。该《规划》对城市进行了五个层次的划分，其中核心城市为重庆主城区和成都市，其中重庆作为省部级行政区划，在此次《规划》中被提到 109 次，其主城区作为核心城市，将在规划中承担引领作用。成都作为四川省会，在此次《规划》中被提及 73 次，其余城市也依据其功能和角色进行了具体规划，见表 3-1。

表 3-1　成渝城市群内部城市定位一览——核心城市

城市	频次	城市功能	区域定位	功能定位与产业定位	
重庆 （含 27 个区县）	109	核心城市	国家中心城市 （建成）	经济中心 金融中心 科技创新中心	商贸物流中心 航运中心 智慧城市
成都	73	核心城市	国家中心城市 （建设）	经济中心 科技中心 文创中心	对外交往中心 综合交通枢纽 智慧城市

成渝城市群核心城市为成都和重庆，作为直辖市，重庆有 27 个区（县）进行了独立的定位，本书主要关注四川的城市发展，因此不对重庆分区县进行讨论。在《规划》中，重庆被提到了 109 次，将建成国家中心城市；成都被提到了 73 次，将以国家中心城市为目标。两个核心城市以双核心的方式构建经济中心，但在文创、金融、对外交往上存在差异化发展定位。

四川 5 个城市纳入区域中心城市建设，并分布于不同城市带空间上，该规划对此类城市进行了人口和空间的规划，并遵循统一的标准，即在 2020 年中心城区达到每平方千米 1 万人的人口密度，见表 3-2。截至 2017

---

① 根据《重庆统计年鉴 2017》计算得出。

年年底，5 个区域中心城市城镇化率均在 50%左右，行政区划内的城镇化总人口规模明显超过中心城区城市人口水平，集聚基础良好。统计无法获取各城市现有人口数，但可以通过城镇化总人口规模来预测各城市的中心城市建设情况。以绵阳市为例，该市规划达到 150 万人的中心城市人口规模，截至 2017 年该市城镇化总人口推算为 247 万，中心城市人口集聚基础丰厚。相比之下，泸州市城镇化人口总规模为 211 万人左右，但规划其中心城区城市人口达到 200 万人，人口集聚基础薄弱，规划完成难度较大。其他城市人口基础也基本与绵阳市情况相似。相比而言，截至 2017 年年底，5 个中心城市建成区面积分别为 139 平方千米、69 平方千米、120 平方千米、127 平方千米和 87 平方千米，均未达到规划水平，完成度最高的城市为绵阳，达到 92.7%，完成度最低的为宜宾，总体为 62.1%。这一方面说明各地的城市建设水平存在差异，另一方面也说明有些城市的空间优化空间已不足，而优化空间相对充裕的地方需要把握机会，提升中心城区建设质量。

表 3-2　成渝城市群内部城市定位一览——区域中心城市

城市	频次	城市功能	区域定位	功能定位		人口与空间规模
绵阳	15	区域中心	成德绵乐	国家科技城 智慧城市 装备制造	战略性新兴 旅游商务休闲	150 万人 150 平方千米
乐山	16	区域中心	成德绵乐	装备制造业 港口枢纽 特色资源加工	农林产品加工 旅游商务休闲 战略型新兴产	100 万人 100 平方千米
南充	14	区域中心	南遂广 （川东北）	装备制造 农林产品加工	综合交通枢纽 港口枢纽 特色资源加工	150 万人 150 平方千米
泸州	35	区域中心	沿江 城市带	商贸物流基地 综合交通枢纽 装备制造业	农林产品加工 旅游商务休闲 港口枢纽	200 万人 200 平方千米
宜宾	18	区域中心	沿江 城市带 （川南）	装备制造业 旅游商务休闲	农林产品加工 战略性新兴产	140 万人 140 平方千米

四川省剩余的9个城市被纳入《规划》的重要节点城市，并从5个产业集群，对城市主要产业的发展协同进行了规划，如自贡主打装备制造业，内江主攻装备制造、战略性新兴产业和特色资源加工等。同时《规划》也对重要节点城市的生态、文化和宜居度进行了定位，对其生态发展要求较高。其中达州、内江、广安等地提及的次数不亚于部分区域核心城市的频率，部分城市如雅安等，提及次数较少，这与城市区位和承担的功能存在直接关系，如表3-3所示。

表3-3　成渝城市群内部城市定位一览——重要节点城市

城市	频次	城市定位	功能与产业定位
自贡	17	重要节点城市 商贸物流基地 装备制造业	历史文化名城 特色文化旅游城市 现代工业城市
德阳	9	重要节点城市 战略性新兴产业	重大装备制造基 新材料、精细化工基地
遂宁	13	重要节点城市 战略性新兴产业 特色资源加工业 农林产品加工业 装备制造	综合交通枢纽 现代产业基地 现代生态花园城 商贸物流基地
内江	12	重要节点城市 装备制造 战略性新兴产业 特色资源加工业	综合交通枢纽和现代产业基地 滨水宜居城市 商贸物流基地
眉山	7	重要节点城市 装备制造 农林产品加工	东坡文化为特色的历史文化名城 现代生态田园城市
广安	14	重要节点城市 战略性新兴产业 农林产品加工业	川东北地区交通枢纽 川渝合作示范的山水园林城市 装备制造
达州	17	重要节点城市 装备制造 特色资源加工业 农林产品加工业	西部天然气能源化工基地 川渝鄂陕结合部交通枢纽 生态宜居
雅安	4	重要节点城市 装备制造 交通枢纽	进藏物资集散地 川西特色产业基地 国际生态旅游城市
资阳	7	重要节点城市 装备制造	重要先进制造业基地 丘区生态宜居江城

总体来看，在《规划》呈现出以下特点：第一，对城市的生态环境和宜居度关注较高。对于许多重要节点城市，《规划》都制定了宜居性目标，如资阳定位为丘区生态宜居江城，广安定位为川渝合作示范的山水园林城市，内江定位为滨水宜居城市等，这对成渝地区城市发展提出了更高要求。第二，装备制造业成为成渝城市群各城市的主要产业，四川省15个城市全部纳入了装备制造产业集群，成渝地区将重点发挥产业制造优势，形成突出的产业竞争力。第三，在五大特色优势产业布局中，每一个城市依据自身特色，布局2~3个优势特色产业集群，特色优势已经明确，但实践方案和集群合作方式还未明确。第四，《规划》对区域中心城市的中心人口和空间规模进行了限定，这表明成渝城市群并不是城市"摊大饼"的发展，而是对区域中心城市的优化和集约提出了更高要求。

《规划》从经济发展和生态的角度对成渝城市从总体、区域和个体三个层次进行了定位，规划详细具体，但仍存在产业分工不明确，产业重复布局的问题，如装备制造业的布局，仍然存在"遍地开花"的可能。城市的产业发展重点突出，但行动路径却还有待明确，特别是目前的规划仍主要是对城市个体的建设规划，虽然部分涉及城市联系，如交通规划等，但仍未系统地提出协同方案。2020年1月，中央财经委员会第六次会议做出的推动成渝地区双城经济圈建设重大决策，这为成渝城市群下一步的发展行动提出了方向。

3.2 成渝城市群城市内部定位概览

除了成渝城市群的城市定位外，各城市依照自身发展基础和城市发展目标，进行了自我的定位和规划，对其进行梳理和对比，可以有效地找出城市群规划和城市自身规划在制定和实行中的不同，对比国家和地方两个层面的城市发展目标差异并分析其原因。

3.2.1 核心城市自身定位分析

成都和重庆在此大背景下，都制定了以各自发展水平和现实的城市发展为基础的总体规划和目标。2018 年《成都市城市总体规划（2016—2035）》编制完成，规划明确"三步走"发展目标定位，即将城市功能定位按照三个阶段来进行设定，并按照阶段实施达成，第一个阶段为"建设国家中心城市"，第二个阶段为"建设美丽宜居公园城市和国际门户枢纽城市"，第三个阶段为达成城市发展的最终目标，即努力发展成为"可持续发展的世界城市"。在此过程中，成都对于产业发展和城市规模进行了具体的规划，如在城市规模上，以水资源为主要依据，确定了城市人口规模（2 300 万人）；以土地资源为基准，综合考虑土地资源效率和产业分配，确定了总体建设用地规模。在国家中心城市建设中，强化经济中心、科技中心、金融中心、文创中心、对外交往中心和综合交通通信枢纽功能。在产业上，构建先进制造业、现代服务业和融合产业、都市现代农业三大产业为主体的现代化经济体系，建设 66 个主导产业明确、专业分工合理、差异发展鲜明的产业功能区，并构筑成都特色的新经济产业体系。

重庆则在 2019 年明确进一步推进"两点"定位，"两地""两高"建设目标。"两点"指的是西部大开发重要战略支点、"一带一路"和长江经济带联结点；"两地"指的是内陆开放高地、山清水秀美丽之地；而"两高"指的是努力推动高质量发展、创造高品质生活。在产业方面，提出构建竞争力强、可持续的现代产业体系，大力推动制造业高质量发展，加快发展现代服务业，推动产业结构迈向中高端水平。其产业主要指的是电子信息技术为基础的相关产业，如芯片制造、装备制造以及通信网络建设，形成全产业链高新技术产业。同时按照产业集群为特色打造核心产业，如智能产业集群等，并以此为基础，加强全市的智能化建设，在信息建设方面，重庆定位为"建设国家（西部）科技创新中心"，在数字经济政策利好的背景下，重庆也将大力促进数字经济相关产业发展。

可以发现，从城市自身来看，核心城市的定位都略高于规划中的城市定位，发展目标也更加多样化和具体，如成都的世界城市建设，重庆也增加了高品质生活和山清水秀美丽之地的建设等。在产业发展上也有各自的目标，并未在其中体现与城市群其他城市的协同，如成都建设66个主导产业明确的功能区，而重庆也是在"芯屏器核网"全产业链上进行布局，并未提及与其他城市的分工与合作。

3.2.2 区域中心城市自身定位分析

四川辖区中心城市包括绵阳、乐山、南充、泸州和宜宾五个城市。

3.2.2.1 绵阳市

2018年，绵阳市提出进一步推动科技城建设。其建设主要以产业为支撑，主要以搞技术产业为基础的产业发展路径。在军民产业融合上，核技术的产业化应用是主攻方向，另外还有基于航空航天的如北斗导航系统的商业化、空中管理控制系统的商业化等先进制造业发展。另外针对电子信息建设，要加大信息安全产业建设，数字经济发展。在传统产业上，要加强对传统产业的现代化改造，如农业现代化改造和传统产业的转型升级。从具体的产业上来看，绵阳市提出了培育壮大"686"重点产业（"6"指的包含电子信息、汽车、新材料、节能环保、高端装备制造和食品饮料产业六类现代制造业；"8"指包含科技服务、现代物流、现代金融、电子商务、会展、旅游、文化、健康养老产业8类现代服务业；第二个"6"代表的是六类现代农业产业）。

3.2.2.2 乐山市

2018年，乐山市城市规划提出以"四川旅游首选地、绿色转型示范市、山水园林宜居城、总部经济聚集区"为近期目标，以"世界复合遗产名城、国际旅游慢城"为总体定位的发展规划，以交通建设为抓手，打造四川综合交通次枢纽，以旅游业为主导，融合对外开放、创新、协调等发展理念，因此，其主要规划是以旅游业为突出产业的现代服务业发展重点体系。

3.2.2.3 南充市

2018年，南充市在产业方面，提出加快构建五大千亿产业集群和五大百亿战略性新兴产业"5+5"现代产业体系（第一个"5"主要指的是传统产业的转型升级，包括汽车汽配、油气化工、丝纺服装、现代物流、现代农业；第二个"5"为战略性新兴产业的培育和发展，包含新材料、电子信息、高端装备制造、生物医药、节能环保产业）。文化旅游产业是南充市重要的产业发展布局部分。

3.2.2.4　泸州市

2019 年，中共泸州市委八届六次全会审议通过了《中共泸州市委关于围绕争创全省经济副中心推动高质量发展的决定》。该城市将"争创全省经济副中心"作为当前和今后一个时期发展的目标统领，在经济交流中，利用其地理优势，主要建设为南向开放的重点地区，也关注与其他地区的合作，如利用四省交界的优势，将云南，贵州、重庆和四川连接起来，发展为成渝南部地区中心区域城市，这与成渝城市群规划相契合。在交通建设上面的定位则较高，即打造全国性的综合的交通枢纽。在产业上，也是聚焦现代产业和部分战略性新兴产业，如传统产业食品饮料产业，能源化工产业。

3.2.2.5　宜宾市

2019 年，宜宾市也提出了努力构建全省经济副中心的规划目标，这与泸州市目标相似。在产业方面，主要是以现代服务业作为全市特色产业，带动城市向现代服务业区域中心建设目标迈进，而宜宾市的特色现代服务业和优势产业主要集中在了教育、医疗等方面，同时也通过科学技术发展加强产业协同。除了产业区域中心定位，根据其地理特色，将城市定位为长江上游中心城市。交通上也与泸州市定位有交叉，均定位为全国性的综合交通枢纽，以及四川向南开放枢纽门户。

5 个区域中心城市从城市定位、产业发展做了规划。可以发现，一方面，城市内部的定位与规划定位还是存在差距，如产业方面，大多数城市的产业规划都多于城市群规划中的产业定位，如泸州的五大产业、乐山的现代"5+5"产业。另一方面，城市定位也存在定位相似，相互竞争的可能，如城市区位相似，地理相近的宜宾市和泸州市，都提出了全省经济副中心的建设目标，并同样提出了建设南向开放重要（枢纽）门户。乐山市打造四川综合交通次枢纽，眉山市打造成都市南向开放"次枢纽"。

3.2.3 重要节点城市自身发展定位分析

《规划》中重要节点城市有 9 座，相关城市也在近期的城市发展会议中提出了相应发展目标和产业目标，这里将不再一一赘述，与核心城市和区域中心城市特点一致，重要节点城市也存在城市定位高于城市群规划定位的特点，许多城市远期规划都向着世界影响力城市迈进，如自贡建设成为独具特色的国际文化旅游目的地。城市之间的规划定位也存在重合，竞争激烈，如宜宾市、泸州市定位为全省经济副中心，德阳市也以全省经济副中心为定位，城市之间定位存在同质化和竞争关系。在产业方面，重要节点城市产业规划类别也远远多于城市群规划产业，如德阳构建"5+5+1"现代产业体系，遂宁打造五大优势产业，眉山培育"3135"现代产业集群等，部分城市也存在产业规划重复，产业竞争的问题

综上，《规划》与各城市自身规划之间差异的产生主要有以下两个因素。一是两类规划的角度不同。成渝城市群规划是站在区域总体高度，将城市看作一个个独立的点，通过点的组合，期望实现城市群间的集群和协同发展。因此其规划相对简单、明了，注重城市间的沟通和合作，但城市自身规划定位却关注城市长远发展目标，将城市看作有血有肉的城市有机体，从各个方面对其进行规划和定位，产业体系齐全，注重自身综合实力发展，强调在区域中的突出作用。二是对城市群资源总量和利用评价范围和水平不同。城市群规划将区域看作一盘棋，城市则为每一个资源聚集点，通过资源点、资源流的布局，可以在区域内实现资源的集约发展和协同；但城市内部，将资源看作是自有财富，确保资源流入不流出，通过资源的不断聚集，实现城市经济、社会水平发展。因此，资源的利用范围、利用方式和水平将影响城市发展方式和合作方式。

3.3 成渝城市群发展现状

《规划》对区域内城市的功能、产业进行了较为细致的定位，但现实中，成渝城市群整体的发展水平还不高，城市间的竞争大于合作，导致城市间部分产业布局重复，内部分化严重，特别是2020年作为成渝城市群规划实施效果检验的关键之年，要合理评估其发展现状，找出其发展问题，为下一步成渝城市群的协同发展特别是成渝地区双城经济圈的发展提供现实依据。因此，有必要对城市发展现状进行梳理，并分析其发展中存在的问题。

3.3.1 成渝城市群合作概览

《规划》对城市群的打造提出了明确的要求，要促进川渝两地开展多层级、多形式、多内容的合作。本书也将重点列出成渝城市群规划以后，城市之间的具有代表性的合作行动，同样以时间轴和主要内容梳理的方式来进行说明。

在长江经济带发展合作中，两地强调交通互联为基础，打通过去遗留下来的"断头路""瓶颈路"，加强两地各城市城际铁路、公路，长江上游航道的连接和整治，提升城市间的连接度，从而提升对外开放通道和平台的建设。在产业方面，两地从装备制造、电子信息、健康产业和农林产业以及国际文化旅游方面开展集群式合作。最后达成了务实高效合作机制，建立一年一次的联席会议制度，由两省市主要领导共同召集、轮流主持，并建立重点项目清单，纳入两省市政府考核目标。

此次合作的一大进展是将联席会议落实成行动实体，明确设立了负责各项工作具体实施的6个专项合作组，为合作的落地提供支持。另外，两地还针对城市群内局部城市的发展，签订了更为灵活，范围更小的各类协议，如表3-4所示。可看到，四川和重庆两地的合作，在2019年达到一个高峰期。在"成渝地区双城经济圈"提出以后，川渝两地合作更加紧密，形成了一系列合作成果，相信在未来，两地会更加相向而行，提高区域发展能级。

表 3-4　成渝城市群规划以来川渝重大合作项目概览

时间	对象	名称	主要内容
2018 年	四川省、重庆市	《深化川渝合作深入推动长江经济带发展行动计划（2018—2022 年）》	生态环境保护 基础设施建设 区域创新体系 产业合作与市场融合 公共服务一体化和开放合作平台建设
2019 年	四川省、重庆市	《深化川渝合作推进成渝城市群一体化发展重点工作方案》 《关于合作共建中新（重庆）战略性互联互通示范项目"国际陆海贸易新通道"的框架协议》	一体化工作细分为 36 个重点工作 共同推进中新互联互通示范项目陆海新通道建设 长江经济带发展行动计划优化 专项提出川渝毗邻地区协同发展措施以及成渝轴线区产业聚集示范区
2019 年	泸州、内江、荣昌和永川	《成渝轴线区（市）县协同发展联盟 2019 年重点工作方案》	在产业发展、基础建设、环境保护、公共服务等领域达成了多项合作方向
2019 年	达州、万州、潼南、广安	川渝合作示范区（潼南片区）、川渝合作示范区（广安片区）和达万（达州、万州）的协同合作方案	
2019 年	川渝两地15 区（市）县	《川渝合作示范区（广安片区、潼南片区）2019 年度合作计划》等	交通设施、水利设施、能源基础、旅游、工业发展、农业发展、教育、医疗、文化体育、生态保护、绿色循环发展和区域合作平台等

3.3.2　成渝城市群发展现状

2019 年，国家发改委印发的《2019 年新型城镇化建设重点任务》（以下简称《任务》）发布，对城市群的发展从城镇化的角度提出了总体规划。《任务》提出："扎实开展成渝城市群发展规划实施情况跟踪评估，研究提出支持成渝城市群高质量发展的政策举措，培育形成新的重要增长极。"

此次规划说明，在对前三大城市群（长三角、珠三角和京津冀）进行明确和基础上，成渝城市群有望成为国家级城市群中的第四大城市群，作为西部唯一入选的城市群，其发展在全国经济空间统筹上具有特殊且重要的地位。

目前，国务院批复的十个城市群在空间分布上具有空间分布较为均衡，但经济分布较为失衡的特点。在空间上，城市群的分布虽然呈现出来东、中、西"334"的分布，但是各城市群的经济规模却非常不均衡，特别是西部地区城市群实力薄弱。成渝城市群是西部大开发战略的重要支撑，肩负着建设西部高质量发展的重要增长极的任务。但由于区位条件、发展历史和改革进程等因素影响，成渝城市群在经济资源总量、社会资源中具有代表性的科技创新水平与科技创新水平等方面与东部地区，如长三角、珠三角地区的城市群存在明显差距。成渝城市群距离发展成为"四大城市群"的目标还需进一步努力。

3.3.2.1 经济总量水平较低

2017年，对全国经济规模最大的城市群的经济总量进行核算发现，成渝城市群的总量排在第七位，还不到排名第一位长三角城市群经济总量的三分之一，总量水平稍逊于中原城市群。而以空间单位产出为标准来看，成渝城市群又超过中原城市群，位列第五。因此，成渝城市群的生产效率较高，但是与东部发达城市群如长三角、珠三角、京津冀城市群存在明显差距，经济总量还有待提高。从基础设施建设上看，成渝城市群区域内常住人口人均城市快速轨道里程3.38千米/百万人，不及长三角、珠三角和京津冀城市群同期的一半。从科技创新来看，以研发经费支出和万人专利发明拥有量等数据为指标，成渝城市群研发投入占GDP的比重，远低于三个东部城市群的发展水平，而万人拥有的发明专利数量，也不及三个城市群的三分之一。

3.3.2.2 城市群内部大—中—小城市规模不合理

从图3-1可以看出，按照2016年经济发展水平核算，城市群16个成

员的经济水平差异巨大，且呈现出极端的"哑铃"型，当年重庆市 GDP
接近 1.8 万亿元，成都市 GDP 超过 1.2 万亿元，但其他城市发展水平与两
大核心城市相去甚远，排在第三的绵阳市只有 0.18 万亿元，城市群内部以
中小型城市为主，存在次级城市发育不足问题，难以形成与核心城市实力
相当的产业分工角色。从空间经济特征上看，形成两头大、中间小的城市
经济格局，未来需要加大城市群中部的经济支撑力。

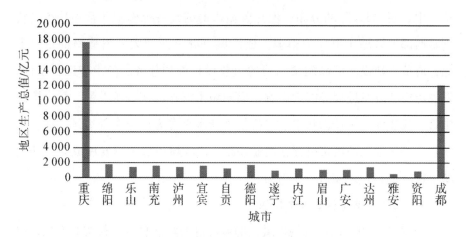

图 3-1　成渝城市群地级市以上城市经济规模（2016 年）

与经济水平相对应，城市人口规模也同样呈现出"两头大，中间小"
空间布局，且未形成结构完整的大—中—小城市体系，如图 3-2 所示。重
庆和成都人口总量大，而其他城市人口规模在 100 万~500 万，排在第三位
的南充市人口规模达到 640 余万人，只有排在第二位成都市人口规模的
50% 左右，不足重庆四分之一，虽然重庆作为直辖市，可比性不强，但总
体来看城市群内部人口规模分布不均衡，非核心城市与核心城市差距过大
的问题十分突出。2001—2019 年，成都市和重庆市两地的人口规模占川渝
总人口的比重 35.4% 提高到 41.6%，说明两地的人口集聚还在进一步增
加。另外，从城市建成区规模来看，重庆主城九区和成都市区建成区面积
比其余城市群内城市和区（县）建成区面积总和还大，也从侧面表现出城
市群结构的失衡。

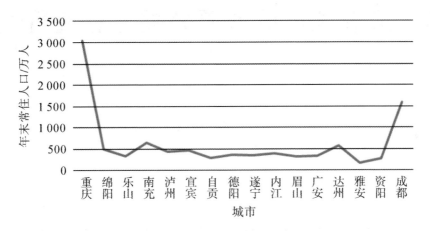

图 3-2　成渝城市群地级市以上城市人口规模（2016 年）

因此，《规划》虽然对城市的发展定位和产业选择进行了规划，但是实际中，各城市内部却有各自的发展规划，且这两类规划还在产业和城市定位上有一定差异，甚至还有背离的情况。即使川渝两地城市已经开展了形式多样和内容丰富的合作，但实际发展中还是存在发展水平低，城市差距明显等问题，合作效果还有待进一步检验。再加上成渝城市群环境保护任务重，对自然资源的利用更加审慎，经济发展水平较低，社会资源也较东部其他城市群更为薄弱，这一系列的问题成为影响成渝城市群发展的总要因素。因此，有必要对成渝城市群的资源总量、资源利用方式、资源产出效率和资源流动形式进行重新定义、测算和评估。

4 成渝城市群资源分类与总量概述

    资源是生产的要素，马克思认为"劳动和土地，是财富两个原始的形成要素"。恩格斯将财富的源泉进一步拓宽，认为"其实，劳动和自然界在一起，它才是一切财富的源泉，自然界为劳动提供材料，劳动把材料转变为财富"①。两人的定义将自然资源和人的因素分离，因此人的劳动和技术也是重要的资源组成。随着经济生产方式的多样化发展，人的劳动已经发展成为以人类劳动为中心发展的社会、经济和技术等因素，因此，资源不光是自然资源，更有人类创造的社会资源和经济资源。2000年，由彼得·蒙德尔等主编的《经济学解说》② 将"资源"定义为"生产过程中所使用的投入"，这一定义表达了资源的开放性和经济性，但也将资源局限为生产过程，类似于资本的定义。其实除了在生产中运用的资源，没有运用的潜在资源也应该是区域重要资源，代表地区的资源水平。在《新华字典》中，资源被定义为一国或一定地区内拥有的物力、财力、人力等各种物质要素的总称，这一定义较好地诠释了资源总量的计算原则，即在区域中已经使用和未使用的资源都应算作区域资源总量。另外，随着外部性等理论的发展，一些未直接纳入生产成本的资源也应该算作资源的一部分，如清新的空气和干净的水资源。因此本书认为资源应该是一定区域内自然资源、社会资源和经济资源等各类资源的总称。本书将以成渝城市群为研究对象，以自然—经济—社会资源为总体框架进行资源分类和总量测算。

---

① 马克思，恩格斯. 马克思恩格斯选集：第4卷 [M]. 北京：人民出版社，1995：373.
② 蒙德尔，等. 经济学解说 [M]. 胡代光，译. 北京：经济科学出版社，2000.

4.1　成渝城市群资源分类

第一，城市（城市群）的发展实际是对自然、经济、社会资源的协调和合理利用，如果仅仅是自然资源丰富，而经济资源和社会资源短缺，城市难以获得长足的发展；经济资源和社会资源丰富，自然资源短缺，也会成为城市发展的制约因素，三者之间相互关系需要进一步研究和明确。第二，对于城市自身发展而言，资源的经济性更受到关注，即如何将资源转化为产品和财富，因此有必要对城市群资源按照经济性和非经济性分类。第三，城市群的发展要求资源能在城市群区域内进行流动和配置，因此有必要对区域内的资源按照流动性来分类。第四，可以发现城市群和城市群之间，城市群内部也存在资源的竞争，可以将资源按照竞争性来分类，分析城市竞争动因。第五，城市群的资源是动态变化的，城市对资源的利用方式和组合方式都将影响资源的产出效率，也会影响到人口的迁移选择，本书将对资源的变动性及变动因素进行分析。

4.1.1　成渝城市群资源按照经济性分类

成渝城市群内的资源可以按照经济性划分，分为经济性资源和非经济性资源。一般而言，资源的经济性都是以有用性和稀缺性为标准。有用性是从经济增长角度来定义，能够纳入生产环节，创造物质产品和财富的则可以体现有用性，如矿产资源、水资源、劳动力等；稀缺性代表资源的利用具有排他性和竞争性，如矿产资源煤炭和石油，重庆市使用了一定数量的煤炭和石油，成都市便无法使用同批次的煤炭和石油，但随着技术的进步，稀缺性特征逐渐减弱，如信息资源和技术资源的利用，那些蕴藏在物质资源中的技术革新和资源的组合方式同样也是经济资源，并起着越来越重要的作用。

在成渝城市群中，经济性资源则既有从自然界采集的自然资源如生产原料、矿产资源、能源等，也有自然与社会共同形成的以劳动力为代表的人力资源、金融资源，还有人力和物质资源中蕴藏的信息和技术资源。在经济性资源以外的则是非经济性资源。两者的界限并不是一成不变的，随着技术进步和生产方式的转变，有些资源会在经济性和非经济性之间转变，如大气资源等。在过去的生产中，并未考虑大气等资源影响，被纳入非经济性资源，但随着社会对环境的重视和外部性成本的核算，大气资源也是重要的经济性资源，如碳汇市场的发展。城市群内部主要是对经济性资源的吸引与利用，但是需要注意对新技术、新信息的搜集，抢占先机，发现新的经济性资源。

4.1.2 成渝城市群资源按照流动性分类

将资源按照流动性来分类，可以分为流动性资源和非流动性资源。流动性资源指的是能够在空间中移动的资源，不可移动的则是非流动性资源。能够在成渝城市群内进行重新配置的资源则是流动性资源。这种流动性是相对的，需要将流动成本和收益进行比较。如果流动成本小于流动收益则资源是可流动的，如煤炭资源；如果流动成本大于流动收益，则认为其不可流动，如土地资源。随着生产方式和资源约束的变化，资源流动的成本与收益也可以不断变化。以水资源为例，水资源虽然看似可以流动，但受气候条件、地理环境影响，区域水资源的丰裕程度相对固定，城市可使用的水资源较为固定，可视为非流动性资源，但是随着运输条件和水资源约束的趋紧，北方城市急需改善其水资源禀赋，也可以通过一定方式增加其流动性。南水北调工程耗资巨大、成本高昂，但是为北京市等城市水资源的紧缺解了燃眉之急，为城市发展提供的收益更高，在这个层面上，水资源也成为可流动性资源。因此，可流动性资源的流入可以在一定程度上改善城市的资源环境承载力，北京市因南水北调工程而提高的水资源承载力则是现实例证。

相比自然资源，经济和社会资源的流动性更强。成渝城市群协调和争取的资源主要集中在流动性资源上，如劳动力、资本、能源、技术等。但需要注意的是流动性资源之间的关联性较强，如人口的流动。人口流动，其实质是劳动力的流动，但劳动力的流动又伴随着人力资本的流动，人力资本包含的智力资本与物质资本相结合，形成的生产技术也会伴随人口而流动，人口的聚集又将带来市场的扩张和资本的流动。因此，近几年来，各个城市都将吸引人口流入作为城市发展的重要目标，而人口的集聚也关系到城市发展的规模，本书也将以城市人口规模为研究对象分析城市的产出优化，进而测算其人口优化规模。相比之下，城市对于非流动性资源的关注度较低，但是资源的潜在使用总量水平与使用方式关系密切，城市可以关注生产方式改善，进而优化非流动性资源利用水平。

4.1.3 成渝城市群资源按照创造方式分类

与资源流动性相对应的，还有按照资源创造方式进行分类的自然创造性资源和社会经济创造性资源，这两种资源与城市发展的动力存在紧密联系。城市在空间上的形成有赖于集聚经济效应产生的非均衡性的增长。从资源的角度来看，非均衡增长带来的资源创造方式不同。传统的资源创造是以自然资源为基础，在规模经济递减的规律下创造新的资源和产品，因此其生产大大地依赖于物质资源的投入，如原料、能源等。物质资源的生产是一种自然创造，许多资源都是不可再生资源，即使是可再生资源，其可再生周期较长，成本也较高。因此过去对自然资源的依赖和追求成为城市乃至国家的重要目标。城市是规模经济递增下的经济地理产物，其资源的创造除了传统的物质资源创造，更形成了由"劳动力池"、知识溢出和内外部规模经济带来的资源和效率的提升。因此城市形成的社会和经济发展模式也会创造出新的资源，如医疗、卫生、教育等公共资源和文化创意、设计等经济资源。

随着我国经济发展方式的转变和对环境保护要求日益提高，自然创造资源的使用已逐渐从生产变量转化为约束变量，用有限的资源创造最大的价值成为企业、城市和国家追求的目标。在此背景下成渝城市群也从过去关注自然创造性资源的使用，向社会经济创造性资源转变，生产便利性、生活宜居性也是在自然创造性资源趋紧的情况下，优化社会经济创造性资源的产出方式。虽然资源的创造形式存在差异，但是也要注意两者的关系，经济基础决定上层建筑，自然创造性资源是社会经济创造性资源的基础，过分追求社会经济创造性资源，将脱离自然创造性资源的生产，而走向"泡沫"的极端。随着经济发展水平的进一步提升，如何处理自然创造性资源和社会经济创造性资源的关系就变得十分重要。

4.1.4　成渝城市群资源按照竞争性分类

城市群的发展是资源竞合的平衡，城市间的资源竞争在所难免，因此需要将资源分为竞争性资源和非竞争性资源。在经济学理论中，对竞争性有明确的定义，即是消费者的增加，引起生产成本的增加，每多提供一件或一种私人物品，都要增加生产成本，因而竞争性是私人物品的一个重要特征。竞争性资源在城市间的配置也遵循这一规律，即一个城市的使用将新增成本，且由于资源的稀缺性，产品的生产遵循边际成本递增和边际收益递减的规律，因此资源竞争的先后次序、资源总量都对城市发展成本产生重要影响。结合城市发展的实际，竞争性资源主要包括人口、投资、政策红利等。各个城市因个体发展特点的不同，对不同资源的需求不同，竞争性也随之改变。

就目前的成渝城市群来看，城市资源的竞争已从自然创造性资源的竞争向社会经济创造性资源竞争转变。在城市定位上，上级政府的规划许可、政策支持是竞争的重点；在产业发展上，招商引资、高科技企业入驻、总部经济引进等成为竞争主战场。需要注意的是，资源的竞争性大小会根据竞争对象、时间的变动而变动，在竞争性资源的争夺中，应该避免政府"晋升锦标赛"带来的"短视"，而加剧一些资源的竞争性，提高资源获得的成本，降低资源利用效率，从而影响区域总体效率。

4.2 成渝城市群资源种类概述

本书认为城市群的高质量发展并不能单纯依靠某一类资源的增加和利用就能实现，需要自然—经济—社会系统中的资源协调配合，联动发展。因此，在梳理城市群内部资源过程中也将以自然—经济—社会资源为框架，进行全要素、全系统的资源总量梳理。

4.2.1 自然—经济—社会资源作用关系分析

城市的发展是资源的系统利用，这需要明确两个问题，一是什么样的资源带来城市群的发展，二是资源之间如何协调，即资源的关系。从城市发展历史来看，城市由最初对自然资源的追求（物质生产），向经济资源和社会资源的增长（城市宜居性和宜业性）发展。自然资源的丰富而社会经济资源的匮乏，难以实现城市群的可持续发展目标，而仅仅依靠经济资源与社会资源，城市群也会存在风险抵御能力不足的问题。从资源的分类来看，自然资源与经济、社会资源在创造方式、流动性等方面都存在差异，需要对三者的特性及相互影响进行分析。

本书认为，自然资源是城市发展的基础资源，是人类社会发展的物质基础保障。首先，从人类生存角度来看，自然资源为人类生存提供基础资料，如食物、土地、水、空气等，都是由自然资源直接提供或以自然资源为原料，人类劳动加工而来，正如马克思所说"人自身作为一种自然力与自然物质相对立，为了在对自身生活有用的形式上占有自然物质，人就使他身上的自然力——臂和腿、头和手运动起来。当他通过这种运动作用于他身外的自然并改变自然时，他就同时改变他自身的自然"①，因此，城市发展的基础是自然资源的储备和利用。从经济社会发展角度来看，城市的兴起和发展都离不开自然资源提供的钢铁、煤矿、石油等基本经济原料，

---

① 马克思，恩格斯. 马克思恩格斯全集：第 23 卷 [M]. 北京：人民出版社，1972.

在这些资源提供的基础上，才能产生人口的聚集，并形成社会经济创造性资源。但反过来，人类生产方式和技术的革新也会影响自然资源的转化率，从而影响自然资源潜在储备水平，当自然资源转化率低时，自然资源的潜在储备降低，这在过去城市发展的很长一段时间中，都存在此类问题，导致城市自然资源过度利用、生态环境恶化。当社会、经济资源带来的技术革新提高了资源利用转化率，自然资源的潜在储备增加，从人类利用角度来看，自然资源的总量也在增加。

经济资源既是城市发展的表征，也是城市发展的动力来源。一方面，城市及城市群的兴起是以集聚经济为基础，空间非均衡发展的结果，区位条件优劣、资源禀赋大小都将影响城市的经济发展，经济资源的聚集程度，能够反映城市的发展程度，如对外开放程度、投资吸引、经济主体总量和质量等；但同时，经济资源的多寡又能决定城市发展的潜力大小，当劳动力、资本、技术等经济资源在城市聚集越多，根据累积循环因果原理，在自然资源和社会环境允许的条件下，将会吸引更多的劳动力和厂商的聚集，同时带来更大的市场规模，增加非均衡发展能力。需要注意的是，经济资源的价值尺度也是衡量资源总量的重要计量工具，经济资源的价值随着经济资源供求关系的变化而变化，不同时期城市对于不同经济资源的需求不同，如过去更加关注投资为代表的经济资源，而近期各城市的"抢人大战"不断上演，表明以劳动力为代表的经济资源越发重要，而其背后代表的资源价值将会变化，这为城市资源的衡量方法提供了新的思路。本书也将根据资源需求和供给适时调整资源的计量方法，力图获得灵活、动态化的资源评估结果。

社会资源是一种特殊的城市资源，它与经济资源相伴而生，但又有其独特的作用体现。一般而言，经济资源越好的地方其社会资源愈加丰富，但是两者的产生并不是同步的，且社会资源的产生往往滞后于经济资源的聚集。因此，许多城市面临经济资源丰富而社会资源相对短缺的情况，如教育、医疗、卫生和政府管理水平等，都是在经济发展到一定程度再慢慢积累和优化的。这些资源的短缺将会严重影响城市人口的迁移决策，进而影响城市的可持续发展能力。同样，丰富或独特的社会资源也会对城市的发展产生重要影响，如特殊的文化、教育、医疗、卫生等典型社会资源的充裕度，可以代表城市的吸引力，影响到城市发展的活力。特别是在对城市高质量发展要求的影响下，城市社会资源的积累和优化也显得越来越重要。

综上，自然、经济、社会资源在城市中的融合和相互影响，是决定城市发展动力、可持续性和高质量发展的关键，三者缺一不可。在分析资源互动过程中，需要明确三者的关系，自然资源是基础，是促进城市发展的物质基础，而经济资源和社会资源是社会发展的标志，也是影响现代城市发展的重要组成部分。后两个资源都有其独特性和重要作用：经济资源的作用在于提供了资源度量新的思路和价值尺度；社会资源的作用体现在它的形成与发展必须依靠城市为载体，同时又对城市的优化和城市特色的形成发挥至关重要的作用。三者的关系可以用图4-1来表示。

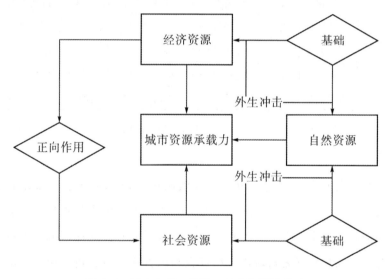

图4-1　城市自然、经济、社会资源的关系

4.2.2　成渝城市群资源分类概述

根据上述分析，本书将对成渝城市群内部资源以自然—经济—社会资源为框架进行分类概述，同时结合城市群实际情况，将分析不同资源经济性、竞争性、流动性和创造方式，以期找出影响城市群协同、竞争和发展的关键因素。根据数据可得性和城市群的实际，如表4-1所示对成渝城市

群自然资源分类情况展开分析。

表 4-1　成渝城市群自然资源分类

资源测算维度		经济性	竞争性	流动性	创造方式
自然资源	基础资源				
	农业用地	经济性(+)	非竞争性	非流动	自然不可再生
	绿色用地	非经济性	非竞争性	非流动	自然不可再生
	建设用地	经济性(+)	竞争性	非流动	自然不可再生
	水资源	经济性(+)	竞争性	非流动	自然可再生
	城市日照	经济性(+)	非竞争性	非流动	自然可再生
	电能	经济性(+)	非竞争性	流动(+)	自然创造
能源	煤气	经济性(+)	非竞争性	流动(+)	自然不可再生
	液化石油气	经济性(+)	非竞争性	流动(+)	自然不可再生
资源利用方式	工业废水排放量	经济性(-)	非竞争性	流动(-)	自然可再生
	工业粉尘排放量	经济性(-)	非竞争性	流动(-)	自然不可再生
	二氧化硫排放量	经济性(-)	非竞争性	流动(-)	自然不可再生
	生活垃圾处理率	经济性(+)	非竞争性	非流动	自然创造

注："+""-"代表价值判断，"+"代表对城市发展具有正向作用，"-"代表对城市发展具有负向影响。

在城市发展中，自然资源主要提供城市人口基本所需的基础自然环境，如空气、阳光、水和土地；在城市生产中主要提供基本生产原料、能源，如钢铁、煤炭、电能、天然气等；资源利用方式同样影响资源的潜在利用总量，因此有必要对城市自然资源利用方式进行分析，如"三废"排放和生活垃圾处理等。在成渝城市群中选择以上 12 类资源利用指标来衡量。其中基础资源有 3 类，包括土地、水资源和阳光。空气虽然属于自然资源，但是由于无法获得统计数据，这里不做计算。另外，大气资源目前更多的是体现在城市宜居度上，但计量难度较大，这里不做考虑。能源有 3 类，包含电能、煤气和液化石油气，因为煤炭、水力等最后都转化为电能进行使用，因此这里通过电能进行换算，则可估算煤炭和水力资源使用量。资源利用方式选择"三废"和生活垃圾处理。"三废"的排放，一方面可以表征资源的使用总量，即可能"三废"排放越多，资源使用总量越多；另一方面更重要的是对废物的处理效率，间接反映资源的利用效率，废物处理效率越高，资源使用效率越高，潜在资源使用总量就可能越高，在这里也需要进行考察。

土地资源根据土地功能进行了分类，分为了农业、绿色和建设 3 类，均为自然创造且不可再生资源，具有非流动性。从城市资源竞争来看，各个城市行政区划固定，土地面积也是固定的，其农业和绿色用地的水平不受其他城市影响，因此是非竞争性的，但是建设用地指标与国家政策挂钩，再加上成渝城市群生态保护任务繁重，国家对建设用地指标控制严格，城市群建设用地总量受到国家层面控制，简言之，一个城市建设用地规划将间接影响其他城市可供规划的建设用地面积，因此该资源属于竞争性资源，且属于对上竞争资源。从经济性角度来看，农业和建设用地可用于农业、工业和城市建设，属于经济性资源，而绿色用地的经济性较弱。水资源和光照资源都能产生经济价值，且在无大型水利工程影响下都为非流动和可再生资源，但水资源具有一定的竞争性，特别是同一流域的城市，对水资源的利用和保护存在竞争与协调。在能源方面，能源的使用都能产生经济效益，都属于经济性资源，但是从城市发展实际来看，由于能源的定价相对固定，且我国已经度过了能源短缺而进入能源相对充裕的阶段，各个城市都能按照几乎相同的价格获取能源，因此城市间的能源使用不具有竞争性，但可以作为资源使用总量的重要表征。电能是水力发电和火力发电的综合，因此既有可再生性也有不可再生性，这里则统一为自然创造能源。第三类为资源利用方式指标，"三废"排放在这里作为资源利用效率的表征，处理为单位排放越高，表示资源利用率越低，因此产生的是负向的经济性。在流动性上也处理为，如果"三废"的流动性越强，表示处理不当，也会带来不好的影响，因此增加负号"-"表示其特殊性。其排放物按照其自然资源来源进行定义，粉尘和硫基本来源于矿物能源为不可再生，水资源为可再生。一般而言，一个城市的生活垃圾都是物质资料的转换，而物质资料来源都是自然创造，处理也会在城市内部完成，因此不具有流动性，除非垃圾的回收处理，这里不是研究重点，将不考虑此类现象。经济资源分类如表 4-2 所示。

表 4-2　城市群经济资源分类

资源种类			经济性	竞争性	流动性	创造方式
经济资源	经济资源规模	公共财政水平	经济性	非竞争性	非流动性	经济社会创造
		外资利用水平	经济性	竞争性	流动性	经济社会创造
		对外开放	经济性	竞争性	流动性	共同创造
		劳动力	经济性	竞争性	流动性	共同创造
		境内投资	经济性	竞争性	流动性	经济社会创造
		市场规模	经济性	竞争性	流动性	共同创造
	经济资源连接	公路货运量/万吨	经济性	竞争性	流动性	共同创造
		水路货运量/万吨	经济性	竞争性	流动性	共同创造
		客运量/万人	经济性	竞争性	流动性	经济社会创造

在经济资源中，选择 9 种资源指标作为衡量标准，其中经济资源规模指标 6 种，经济资源连接指标 3 种。经济资源都具有经济性，且大多数都是竞争性属性。从各个城市的发展定位来看，招商投资、对外开放、人才吸引和消费市场的培养都属于各城市竞争的焦点，而正是因为这些资源都具有流动性，所以城市之间的竞争更加激烈。在创造形式上，因为投资的流动性和选择性，因此在某个城市的投资属于经济社会创造的资源形式，城市的投资环境、投资便利性和投资潜力将决定城市投资规模；而在资源连接中，因为水路和公路要求有水运的自然条件和公路建设的基础设施条件，这需要经济社会和自然条件的配合，因此是共同创造，但客运量对自然的依赖性较低，因此是经济社会创造资源。需要说明的是公共财政水平，公共财政的支出来源于其他资源，如投资、消费和对外贸易等，这些资源都属于竞争性和流动性资源。但是财政资源是在一定经济水平上城市政府的支出决策，在这个层面上定义非竞争性和非流动性资源，而这一资源水平的高低由其他经济资源所决定，因此在本书中其被定义为经济社会创造资源，如表 4-3 所示。

表 4-3　城市群社会资源分类

资源种类			经济性	竞争性	流动性	创造方式
社会资源	基础设施	道路建设	经济性	非竞争性	非流动性	共同创造
		互联网建设	经济性	竞争性	流动性	共同创造
		医疗设施	经济性	竞争性	流动性	共同创造
		文化、教育设施	经济性	竞争性	流动性	共同创造
		建城区绿化	非经济性	非竞争性	非流动性	共同创造
	社会服务	教育服务	经济性	竞争性	流动性	经济社会创造
		医疗服务	经济性	竞争性	流动性	经济社会创造
		社会保障	非经济性	非竞争性	流动性	经济社会创造
		公共交通	经济性	非竞争性	非流动性	共同创造

在成渝城市群中，选取 9 种社会资源指标来测算，其中社会资源可得性（基础设施）方面指标 5 种，社会资源规模（社会服务）方面指标 4 种，两类资源既有联系也有区别。在经济性方面，除了建城区绿化和社会保障以外，都能产生经济价值。建成区绿化主要考虑城市宜居性，对经济性不做考虑，且城市绿化由政府主导，在城市内部进行建设，需要土地资源参与，因此具有非竞争性和非流动性，创造性为共同创造。社会保障主要是通过政府安排对市民生产、生活进行保障，也不考虑其经济性，且其主要来源为政府财政，因此也归纳为非竞争性和经济社会创造性资源。医疗设施和医疗服务属于两种资源，前者是基础设施建设为特征的公共设施建设，后者则是以专业人员提供为基础的社会服务提供水平，且前者的生产需要专业人员的供给为基础，在此角度下，医疗服务以专业医疗技术人员的流动而具有流动性，而医疗设施也因为医疗服务的流动性而增减，因此医疗设施也具有流动性。同样，其竞争性也是由专业人才的竞争而具有竞争性，两者同向变化，但不同点在于，基础设施的建设需要自然资源与经济社会资源的综合，而医疗和教育服务则主要由社会经济发展水平决定。文化、教育设施和相应的服务也是同样的分析方法。公共交通的非竞争性来源于其建设有政府部门主导，且主要在市域内运营，具有非流动

性，其提供也需要基础设施和公共管理同时提供。道路建设主要指城市内部的道路建设，其非竞争性同样体现在政府主导，也主要集中在城市内部，需要自然资源如土地的提供。

4.3　成渝城市群资源总量概述

依据可操作性和针对性原则，本书选择了自然—经济—社会系统29类资源指标来测算成渝城市群的资源总量，但是在量化的过程中，各资源的形式不同，度量单位不同，需要进行标准化的计算，本书拟采用均值法作为各资源的量化标准，再以均值比较和上限值比较法来对城市群总体和城市群内部资源进行对比分析。

4.3.1　成渝城市群资源水平计算标准

三大系统资源在城市群中的作用不同，性质不同，需要设定合理标准来衡量城市群总体和城市群内部的资源丰寡，本书拟采用均值法为标准量化各指标。其具体做法是根据数据特点和计量方式差异，而采取不同方式，主要分为以下几类：

4.3.1.1　总量指标处理方法

总量指标是指资源总量按照城市资源总量或者年使用总量计算的指标，如农业用地、水资源、电能使用、工业废水排放量、外资利用水平和公共汽（电）车的客运总人数等。这些指标的数量大小与城市规模密切相关，总量规模大但并不能代表城市可使用的资源充裕，如重庆市辖区范围广，人口众多，其资源拥有量和使用总量巨大，但不能说明重庆市的资源相比其他城市更加充裕，需要以人均指标来衡量其资源的丰寡，人均能够获得的资源越多，表示城市的资源丰裕程度越高。这一类指标将以"城市资源总量/城市常住人口数"来作为量化指标。

4.3.1.2 均量指标处理方法

对于在统计数据中已经是均量化的资源指标,如城市年均日照时间、每万人拥有医生数或每万人拥有床位数等,将依照指标特点进行处理,例如,日照资源是公共资源,不具有排他性和竞争性,不用进行人均化处理,直接使用统计指标即可。对于医疗、教育资源等,为了统一计量,将直接换算成人均指标,即人均拥有的医生数或床位数。

4.3.1.3 百分比指标处理方法

对于计量单位为百分比的指标,如生活垃圾处理率等指标,该指标既是总量指标也是均量指标,可以把城市生活垃圾总体处理率近似看作每一个市民垃圾处理率,此类指标也不用进行数据处理,可直接使用。需要注意的是,不同指标其代表的影响方式是不同的,生活垃圾处理率代表的是资源利用方式的效率指标,并不能通过生活垃圾处理率高来说明自然资源总量高,只能通过技术改进渠道进入资源总量计算,该指标的处理方法将在下一章进行系统阐述。

4.3.2 成渝城市群资源总量水平

成渝城市群作为国家发展的重要空间载体,其资源总量在国家中的相对水平十分重要,根据指标可得性和代表性,本书从自然—经济—社会系统中选取部分资源指标经过上述方法整理,与国家人均资源进行比较,得到城市群总体资源概述。

城市建成区面积是城市发展的空间基础,由图4-2可以发现,成渝城市群每万人拥有的建成区面积明显低于全国平均水平,即使建成区面积不断扩大,差距略有缩小,但仍与全国平均水平存在差距。与城市建设相对应的,图4-3中人均GDP也明显低于全国经济发展水平。这表明成渝城市群作为我国西部重要城市群,但由于发展历史、区位限制等,经济发展水平和城市发展基础仍然较为落后,有巨大发展空间。

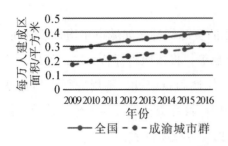
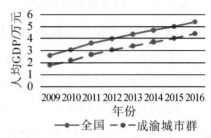

图4-2 成渝城市群及全国城市建设土地资源　图4-3 成渝城市群及全国城市经济规模

外资利用水平和货运量从一定程度上反映区域对外开放程度和经济交流水平。从图4-4中可以发现，成渝城市群对于外资的吸引力较强，从2009年开始，成渝城市群总体人均实际利用外资量提高明显，全国则处于相对稳定状态，使得成渝城市群人均实际利用外资情况明显优于全国，但2013—2016年略有下降趋势。从图4-5中人均货运量指标来看，2009—2013年，城市群总体水平都略低于全国平均水平，但是2014—2016年迅速攀升，这得益于重庆和成都货运量的快速增加，特别是蓉欧班列和渝新欧铁路运送规模的扩大，也为城市群的开放做出巨大贡献。

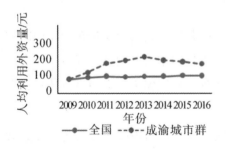
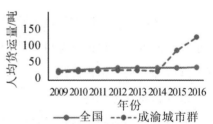

图4-4 成渝城市群及全国外资利用　图4-5 成渝城市群及全国货运水平

每万人拥有医生数和教师数能够有效地衡量城市群的医疗和教育资源。由于数据可得性的限制，部分数据无法获得，但可以通过获得的部分数据来了解成渝城市群基本情况。从图4-6和图4-7中可以发现，在医疗资源方面，成渝城市群与全国平均水平基本持平，甚至有略微超出，这得益于成都和泸州等城市相对充裕的医疗资源。成渝城市群教育资源与全国的差异十分明显，在同一指标下①成渝城市群每万人拥有的教师数明显低于全国平均水平。总体来看，成渝城市群自然、经济、社会资源水平都落后于全国平均水平，城市发展空间巨大。

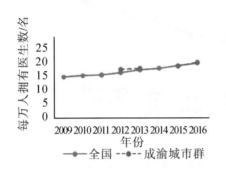

图4-6　成渝城市群及全国医疗资源

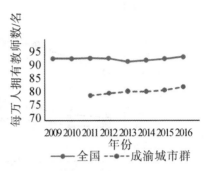

图4-7　成渝城市群及全国教育资源

4.3.3　成渝城市群内部资源水平特点

城市群规划对城市进行了核心城市、区域中心城市和重要节点城市定位进行了三档分类。为了简洁明了地了解城市群内部特征，本节也将16个城市分为三个类别，直观展现不同级别城市的资源水平，其中，核心城市2个，分别为成都市和重庆市；区域中心城市5个，分别为绵阳市、乐山市、南充市、泸州市和宜宾市；重要节点城市9个，分别为自贡市、德阳市、遂宁市、内江市、眉山市、广安市、达州市、雅安市和资阳市。量化指标也从自然—经济—社会资源系统各选取3个代表性指标进行分析。在自然资源中，同样选取建成面积作为土地资源表征，电能作为能源使用，而人均工业废水排放量作为资源利用能力指标。

可以发现，核心城市、区域中心城市和重要节点城市的资源总量存在明显差别，如图4-8和图4-9所示，核心城市的每万人建成区面积和人均用电量均遥遥领先，建成区面积代表城市空间形态，用电量代表人口利用

---

① 全国统计中还包含了特殊教育和学前教育阶段教师数，但是《中国城市统计年鉴》中，却未有相关数据，只包含了普通高等教育、普通中学、中等职业教育和小学教育阶段教师数。

自然资源的能力，可以看到核心城市的发展空间规模较大，能源利用能力也明显更强。

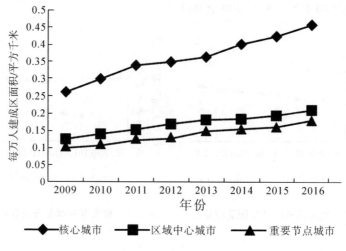

图4-8　各级别城市建设土地资源差异

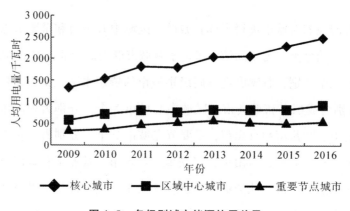

图4-9　各级别城市能源使用差异

相比而言，人均工业废水排放量反映了城市利用资源的能力，作为资源水平为数不多的负向指标，人均工业废水排放量越小，表明城市的资源利用水平越高。如图4-10所示，总体来看核心城市人均工业废水排放量较大，重要节点城市工业废水排放量较小，但区域中心城市排放波动较大。从动态上，核心城市和重要节点城市排放量稳步下降。在经济资源中，选取经济规模、实际外资利用水平和货运量来表征。

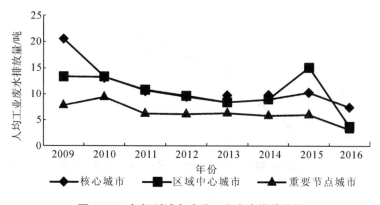

图 4-10　各级别城市建设工业废水排放差异

从图 4-11 和图 4-12 可以看到，在人均 GDP 和人均实际利用外资指标下，核心城市表现得十分突出，人均水平遥遥领先其他两类城市，人均实际利用外资水平远远高于其他两种类型城市，核心城市吸收的外资占据城市群利用外资总规模的主要部分，其余两类城市人均实际利用外资在人均 10~20 元徘徊，核心城市则高达 360 元/人。从数据上看，区域中心城市略微高于重要节点城市，但差距不大。可见，成渝城市群资源高度集中于核心城市。

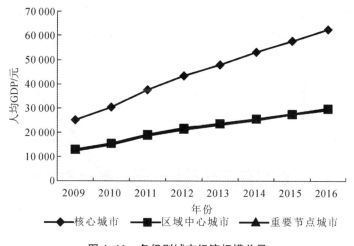

图 4-11　各级别城市经济规模差异

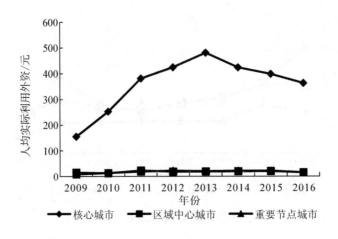

图4-12　各级别城市外资利用差异

　　作为经济交流的重要指标，货运指标相比而言具有特殊性，在图4-13中可以发现，2009—2013年，三类城市的人均货运量差距不大，呈现出核心城市略多于重要节点城市，重要节点城市略多于区域中心城市的特点。在2014—2016年，三类城市的货运量突增，核心城市增长动力十足，呈持续增长态势；重要节点城市增长后趋于稳定，区域中心城市略微增长。在这里依然突出了核心城市的经济交流能力，但重要节点城市"节点"功能也十分突出，相比之下中心城市的货运能力偏弱。最后，笔者在社会资源中选取人均城市道路拥有面积、每万人拥有医生数和教师数来进行量化。

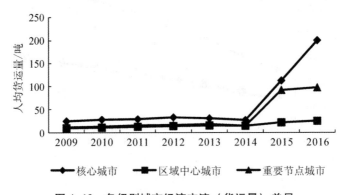

图4-13　各级别城市经济交流（货运量）差异

笔者以医疗、教育资源每万人拥有医生数和教师数来进行评价，同样由于数据可能性限制，只能进行部分测算，但其能从总体上说明三类城市的资源分布。从图4-14和图4-15中可以发现，医疗和教育资源的分布都呈现出核心城市最高、区域中心城市次之、重要节点城市最少的特点。从量来看，核心城市的资源优势仍然远远强于其他两类城市，城市资源差距明显。需要注意的是，与经济资源在区域中心城市和重要节点城市几乎没有显著差异，社会资源差距在两类城市间更为明显，再次佐证了前文的分析，即经济资源和社会资源的发展存在时间和程度差异，需要将两者分而论之。

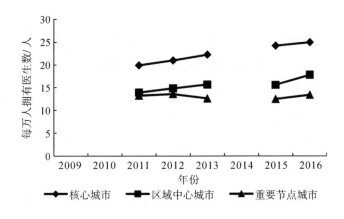

图4-14　各级别城市医疗资源差异

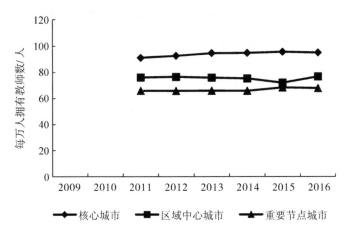

图4-15　各级别城市教育资源差异

在图4-16中，城市的人均道路面积依然表现出核心城市资源聚集能力强于其他两类城市的特点，区域中心城市和重要节点城市差别不明显，2009—2014年，重要节点城市略微弱于区域中心城市，但在2015—2016年，重要节点城市的城市道路增加迅速，差距明显拉大，这主要得益于德阳、遂宁和眉山等城市的城市道路面积总量的迅速增加。

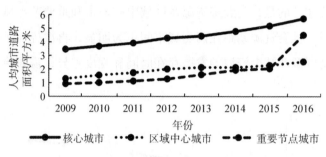

图4-16　各级别城市基础设施建设（城市道路）差异

总体来看，成渝城市群内部资源集聚水平差异巨大，核心城市在自然、经济、社会资源方面具有全方位优势，且经济资源和社会资源差异最大，失衡问题严重。相比之下，区域中心城市和重要节点城市差异不大，两类城市各有优势，且重要节点城市的发展相比之下更具活力，其货运量明显较高。成渝城市群内部差异明显，核心城市具有明显的资源优势，这一方面说明在过去，成渝城市群内部存在非均衡发展现象突出；另一方面放眼未来，城市群应该以核心城市资源集聚为动力，增强其辐射带动作用，提高区域整体资源集聚能力。

5 成渝城市群资源承载水平测算与评估

在上一章中，本书选择了部分代表性指标对成渝城市群总体和内部的资源情况来分析，但是其分析未将自然—经济—社会系统资源纳入统一的框架，在计量单位上也未统一，没有全面、系统地刻画城市群的资源总量水平和内部差异。为了进一步评估成渝城市群总体和内部城市的资源集聚和利用情况，需要运用城市资源承载力的概念来进行分析和测算。将自然—经济—社会资源系统资源纳入城市资源承载力的总体系统，城市资源承载力高，说明城市集聚和利用资源的水平高，反之则说明其集聚和利用资源的水平低，而通过厘清三类资源的关系，可以明确城市资源承载力中的短板和长处所在，并以此为依据为城市资源承载力的提升明确方向。

5.1 城市资源承载力的概念及特点

随着我国经济发展方式的转变和对城市承载力的关注，学界也开始关注城市发展与资源的关系，并出现了许多相似的概念，如城市环境资源承载力、城市生态承载力、城市环境承载力或城市综合承载力等，这些研究多是从某一个资源入手，探讨城市发展与资源的约束关系，但并未关注城市发展与资源间的优化关系，即资源在城市中的生产性。从各种城市承载力的研究概念就可以发现，多数研究关注的是自然资源的利用和减少对城市环境产生的影响，如大气资源、水资源、土地资源等，未考虑经济和社会资源对城市的影响，反过来经济和社会资源会影响自然资源的利用，在过去的研究中也是没有考虑的。

因此，本书结合前人研究成果和城市发展实际，认为应该将城市与资源的关系扩展为城市资源承载力研究，在分析过程中，应该关注以下几个问题：一是城市资源承载力的研究范围。本书认为城市资源承载力不应局限于某一类资源，如自然资源，而是应该包含自然—经济—社会系统的资源整体，三类资源相互配合，互相影响，成为城市发展的形态，决定城市发展的方向。二是城市资源承载力研究的目的。在以往的研究中，关于城市和资源的研究主要是从两者的约束性关系入手，即资源短缺如何限制城市发展，或城市发展如何使得一些资源过度利用。但从长期来看，资源与城市间既是相互约束也是相互促进，资源存量会影响城市发展的边界，但城市资源利用方式的变化，也会影响城市潜在资源存量。因此本书认为可以利用城市资源承载力的研究来探索城市发展的边界，同时也可以利用其方法来量化城市资源总量，找到城市资源的组合方式，发现资源组合和城市发展的关系，以期优化城市发展方向。三是城市资源承载力的角度。在已往的研究中，承载力的研究角度可以是一种能力、一种容量或一种阈值。结合城市发展形态，人口的聚集是城市发展的动力，也是城市空间活动的主题，所以可以将城市资源承载力量化为人口规模的研究，将三类资源量化为城市可承载的人口规模，通过人口规模大小可以反映资源产出效率和总量规模，可承载人口规模大，说明该资源总量水平高或者利用方式高效；可承载人口规模小，说明该资源的总量不足或利用方式效果不佳，需要进行改进。可以通过此种方式构建城市人口规模和城市资源的关系，并分析两者的优化关系。

基于此，本书认为城市资源承载力是在特定生产方式、生活方式以及特定贸易条件下，城市在不损害后代发展权利的前提下所能提供的自然资源、经济资源以及社会资源能够维持的城市最大人口数量。该数量在短期内不会发生变化，但在长期下，由于生产方式、生活方式或贸易条件的改变，将会改变资源利用效率或总量，以及城市能够维持的人口数量，从而将城市人口规模和资源总量相联系，进而提供可优化的发展路径。

5.2 城市资源承载力构建方法

在城市资源承载力构建中，最主要是解决两个问题，第一个问题是如何将自然、经济、社会三个不同系统的资源纳入统一框架中，第二个问题是如何来构建资源承载力的评价体系，并将之用于成渝城市群的资源总量评估和效率测算。针对第一个问题，本书拟采用空间状态法（state space）；而对于第二个问题，结合数据特点，将采用指标体系法来构建。

5.2.1 自然—经济—社会系统资源统一框架

本书主要采用空间状态法来进行统一，空间状态法是以线性代数为基础，利用状态向量的输入与输出构建系统状态量的统一变动关系，其空间基础则是以欧式结合空间来进行系统模拟。该方法的主要思路是，可以将不同系统和维度上的变量纳入同一个框架，即将自然—经济—社会系统资源纳入同一个城市空间框架，并考虑不同城市差异化的资源总量和利用方式。从前述研究可以发现，城市的自然、经济、社会资源状态不同，对城市的影响力也不同，该方法则可以将不同资源的利用方式和作用方式整合到同一个空间维度，通过子系统资源和子系统资源的相互关系形成资源承载力的"面"，再将三个子系统资源面构建成一个城市空间，从而来测算城市中三个子系统资源的相互关系和综合水平。许多学者也通过这个方法来对某一城市或某一地区的承载力进行构建和测算，如环渤海地区的生态承载力（毛汉英，余丹林，2001）、洞庭湖区生态承载力（熊建新，2012）

等，虽然这些研究仅仅关注了生态方面的承载力，但是对于地区资源综合性的方法还是可以作为本书的借鉴。

空间状态法在多个学科得到广泛应用，在生态学中成为生态指标体系核算的重要方法，该方法将人类活动与资源活动在空间中构筑起空间的曲面，而资源曲面则是资源承载力的边界。由于自然、经济、社会是三个系统的资源，因此可以构建一个三维空间状态轴来表示资源的三个子系统即自然资源轴—经济资源轴—社会资源轴，城市的资源承载力可以表示为

$$RSC_i = W_{NR} \times NR_i + W_{ER} \times ER_i + W_{SR} \times SR_i \qquad (5-1)$$

RSC_i代表了i城市的资源承载力，W_{NR}、W_{ER}、W_{SR}分别代表自然系统资源、经济资源系统和社会资源系统中各资源的权重矩阵；NR_i、ER_i、SR_i分别代表i城市三个子系统资源矩阵。其在城市中的量化，可以用状态空间下的投影来表示：

$$|RSC_i| = \sqrt{W_{NR} \times NR_i^2 + W_{ER} \times ER_i^2 + W_{SR} \times SR_i^2} \qquad (5-2)$$

这代表城市i的资源理论承载值，即潜在资源可利用总量，与城市实际占用存在差异，但根据两者在空间中的关系，可以将资源潜在承载量和实际承载量进行关联，表达式如下：

$$ORSC_i = RSC_i \times \cos\alpha \qquad (5-3)$$

$ORSC_i$代表i城市资源实际占用量，α代表现实中城市资源占用状态与资源理论承载力矢量之间的夹角。现实中城市资源占用与城市资源承载力的相互关系有三种可能的情况：当资源占用超过城市承载力时，资源占用的矢量模将大于资源承载力矢量模；当资源占用总量小于资源承载力时，资源占用矢量模小于资源承载力矢量模，当资源占用与资源承载力相当时，两者相等。因此α将代表不同的资源承载情况，本书也将利用此方法对城市资源承载力进行评估。

5.2.2　自然—经济—社会系统指标选择

在确定了三类系统资源的融合方式后，将对三个子系统具有代表性的

资源指标进行选择和测算。运用指标体系法对承载力水平进行量化和评估。指标体系法在生态承载和城市发展中运用广泛。如在区域可持续发展评价中，联合国可持续发展委员会在以《二十一世纪议程》中提出的可持续发展的核心指标为框架，设计了一套全面评价区域可持续发展的指标，该指标体系包含三个模块的系统指标："驱动力—状态—响应"指标，其中驱动类指标 42 个，状态指标 53 个，响应类指标 37 个，指标总数高达 132 个，虽然系统全面，但可操作性不强，收集数据的难度较大。我国许多学者也尝试运用指标体系法对生态承载力或资源环境承载力进行评估，且设计的指标体系模块较为丰富，如生态承载力的评估中就包含生态弹性力、资源承载力和环境承载力，并对应提出承载指数、压力指数和承压度等评估方法（高吉喜，2001）。将资源、环境和经济社会看作复杂系统，并通过指标法来进行评价与本书相契合，其具体做法也是按照资源的功能和结构进行构建（秦成 等，2011）。另外还有一些以指标体系的构建来测评不同地区或城市承载力的研究，指标体系构建基本思路相同，不同则主要体现在指标的选择和权重的确定上（李悦 等，2014；李健 等，2014）。

根据指标选取的原则即针对性与普适性相结合、综合性与独立性相协调、科学性与简明性相结合以及可比性与可操作性相统一要求，在数据指标可得的基础上，依据成渝城市群发展实际，构建起包含自然—经济—社会三个子系统的系统指标体系，再根据自然资源的存量水平、资源使用效率、经济资源规模、经济资源便利性、社会资源规模和社会资源便利性等角度设计二级指标，最终构建以具体指标为三级指标的指标体系。以前述城市资源分类为基础，成渝城市群城市资源承载力指标体系如表 5-1 所示。

表 5-1　成渝城市群城市资源承载力评价指标体系

量化目标	一级指标	二级指标	三级指标	指标性质
城市资源承载力	自然资源	基础资源	农业用地	总量正向
			绿色用地	总量正向
			建设用地	总量适度
			水资源	总量正向
		能源	电能	总量正向
			煤气	总量正向
			液化石油气	总量正向
		资源利用方式	工业废水排放量	系统负向
			工业粉尘排放量	系统负向
			二氧化硫排放量	系统负向
			生活垃圾处理率	系统正向
	经济资源	经济规模	市场规模	总量正向
			公共财政水平	总量正向
			投资利用水平	总量正向
			经济对外交流水平	总量正向
		经济连接	货运量	总量正向
			客运量	总量正向
	社会资源	基础设施	道路建设	总量正向
			互联网建设	总量正向
			医疗设施	总量正向
			文化、教育设施	总量正向
		社会服务	教育服务	总量正向
			医疗服务	总量正向
			社会保障	总量正向
			公共交通	总量正向

本书构建起自然、经济、社会三个系统相融合的指标体系，总共包含3个一级指标，7个二级指标和25个三级指标。在自然资源模块中，分为基础资源、能源和资源利用方式三类二级指标，其中基础资源包含城市发展中最主要的土地资源和水资源，相对应的则是城市建成区、建设用地面积、绿色用地、林地面积等；在能源中，包含目前城市发展所需要的电能、煤气等，包含人均用电量等指标。在资源利用方式中，主要选取工业"三废"排放和生活垃圾处理等指标，表征城市节能环保程度，从侧面反映城市资源利用效率。

经济资源系统主要涉及经济规模和经济连接两个二级指标，在经济规模中，主要讨论城市发展中的市场规模包括全社会商品零售总额等指标，投资利用水平代表城市对内、外资投资的吸引力和利用水平，包含实际利用外资、固定资产投资等指标；公共财政水平既能反映城市经济发展也能表征政府参与经济的能力，利用政府财政投资等指标；对外交流水平主要指外贸开放度，将利用进出口额等数据。经济连接度，主要用城市年客运量和货运量等来表征，也可结合区域交通建设等数据。

社会资源系统主要包括基础设施和社会服务两个二级指标。城市基础设施代表社会资源的可得性，将利用城市类道路建设，如城市实际拥有公路面积等来表征，网络通信建设以互联网接入率等数据评估，医疗设施以医院数和床位数等来计算、文化教育设施则选取图书馆、学校等数据测算。在社会服务主要指社会资源的规模，如教育服务，将利用城市各类学校师生规模等数据，医疗服务同样选取各级医院的医生数。社会保障将利用社会保障数据来测算，而公共交通则会选择年公共交通运输人数等数据来衡量。

5.2.3 资源指标权重的确定

由于指标的不同，对城市资源的影响方式和大小也不同，需要对各系统指标进行赋权，本书将采用三角模糊层次分析法（TFAHP）来进行指标权重的确定，以避免由于客观性不强，主观性占主导而带来的权重测算方法的不合理性，以克服专家打分法和一般层次分析法等的不合理性。

三角模糊层次分析法是模糊层次分析法（FAHP）的改进版本，该方法是在模糊层次分析中加入指标间的相互关系，利用三角模糊数来确定指标建的相对重要性，其具体做法是对指标的重要进行一次对比，再利用举证运算进行量化分析，将指标建模糊的相对关系进行量化，

该方法的改进是运用对数最小二乘法和三角模糊数的运算对指标进行排列，形成指标相对关系的判断矩阵，通过对最保守值、中间值和最乐观值间的数值判断，确定指标监督相互关系（Van Laargoven，1983）。

在面对多指标测算的过程中，由于指标结构复杂，需要对指标权重进行模糊判断，其模糊判断体现在将指标发展成三个要素组合的范围。假设指标体系表示为 $I = \{i_1, i_2, i_3, \cdots, i_n\}$，每个指标的作用方式和影响力存在差异，因此，可以采用三角模糊数 $T_{ij} = (l, m, h)$ 来表示指标间的关系。l 代表最保守值，m 代表中间值，h 代表最乐观值。当 $h - l$ 值越大，表示判断的模糊程度越高。当 $h = l$ 时，两者不存在模糊关系，两者之间关系明确，所以在包含 n 个评价准则的体系下，得出 $\dfrac{n(n-1)}{2}$ 个判断结果，并构建模糊判断矩阵 $P = \{T_{ij}\}_{n \times n}$。

其中对指标评价准则的确定是前提，指标的评价一般按照重要性来执行，一般而言，指标之间重要性可以通过"一样重要""更加重要""特别重要"等语言来描述。参考喻海燕（2015）的研究，这里按照指标的重要性程度比较，量化形成不同的评价准则加入评价体系当中[①]，相应的比较标度如表5-2所示。

---

① 喻海燕. 我国主权财富基金对外投资风险评估：基于三角模糊层次分析法（TFAHP）的研究 [J]. 厦门大学学报（哲学社会科学版），2015（1）：110-118.

表 5-2　三角模糊层次分析法指标评价标准

评价准则	说明
0.1~0.4	数值越小表示该指标相对重要性越低
0.5	两个指标重要性相同
0.6	该指标指标比另一个指标相对稍微重要
0.7	该指标重要性明显高于对比指标
0.8	该指标重要性显著高于对比指标
0.9	该指标指标重要性全面且绝对高于对比指标

　　根据以上评价准则，可以对指标两两比较的相对重要性进行"打分"，通过对指标之间的关系和作用方式，再结合专家对指标的重要性评价，进行打分，其结果可以通过三角模糊判断矩阵来表示：

$$\{\tilde{P}_{ij}^{k} | \tilde{P}_{ij}^{k} = (\tilde{p}_{ij}^{k})_{n \times n} = (l_{ij}^{k}, \ m_{ij}^{k}, \ h_{ij}^{k})_{n \times n}, \ k = 1, \ 2, \ \cdots, \ k\} \quad (5\text{-}4)$$

其中，$\tilde{P}_{ij}^{k}$ 代表第 k 个专家判断矩阵，$\tilde{p}_{ij}^{k}$ 代表的是第 i 个指标和第 j 个指标相对重要性判断，将所有判断信息进行汇总，可以得到综合三角模糊判断矩阵，如下：

$$P = \tilde{p}_{ij} = \frac{1}{k} \times (\tilde{p}_{ij}^{1} \oplus \tilde{p}_{ij}^{2} \oplus \cdots \oplus \tilde{p}_{ij}^{k}) = \left(\frac{\sum\limits_{k=1}^{k} l_{ij}^{k}}{k}, \ \frac{\sum\limits_{k=1}^{k} m_{ij}^{k}}{k}, \ \frac{\sum\limits_{k=1}^{k} h_{ij}^{k}}{k} \right)$$

$$(5\text{-}5)$$

　　在计算的过程中，可以得到三角模糊向量集，将第 i 个指标的综合重要程度 A_i 表示如下，其中 m 表示指标的个数：

$$A_i = \sum_{j=1}^{m} p_{ij} / \sum_{i=1}^{m} \sum_{j=1}^{m} \tilde{p}_{ij} = \left(\frac{\sum\limits_{j=1}^{m} \tilde{p}_{ij}^{d}}{\sum\limits_{i=1}^{m} \sum\limits_{j=1}^{m} \tilde{p}_{ij}^{h}}, \ \frac{\sum\limits_{j=1}^{m} \tilde{p}_{ij}^{m}}{\sum\limits_{i=1}^{m} \sum\limits_{j=1}^{m} \tilde{p}_{ij}^{m}}, \ \frac{\sum\limits_{j=1}^{m} \tilde{p}_{ij}^{h}}{\sum\limits_{i=1}^{m} \sum\limits_{j=1}^{m} \tilde{p}_{ij}^{d}} \right) \quad (5\text{-}6)$$

　　得到第 i 个指标的综合重要程度量化数据和，可以得到同一维度内不同指标之间的相对重要程度 RA，从而测算第 i 个指标相比同一维度其他 $m-1$ 个指标重要的可能性 b_i，两者的表达式可分别表示为

$$RA(\tilde{i}_1 > \tilde{i}_2) = \begin{cases} 0, & i_2^l \geqslant i_1^h \\ \dfrac{i_1^h - i_2^l}{(i_2^m - i_1^m) + (i_2^h - i_1^l)}, & i_1^m < i_2^m \& i_1^h > i_2^l \\ 1, & i_1^m > i_2^m \end{cases} \quad (5-7)$$

其中指标 1 对指标 2 的相对重要性可以通过两者之间的关系来表示，如果指标 2 的保守值大于指标 1 的乐观值，则指标 1 相对指标 2 的重要性为 0；如果指标 1 的中间值大于指标 2 的中间值，则指标 1 的相对重要程度为 1；结余两者之间这可以通过权重计算来表示。

而指标 i 比其他指标重要的可能性则可以表达为 $b_i = RA(I_i > I_1, I_2, \cdots, I_m) = \min RA(I_i > I_j)$，$m = 1$，$2$，$\cdots$，$m \& i \neq j$，由此，便可得到各指标的排序向量 $s' = [b_1, b_2, b_3, \cdots, b_m]^T$，进行标准化处理，得到各指标的权重，$w_i = \dfrac{b_i}{\sum\limits_{i=1}^{m} b_i}$，$i = 1$，$2$，$\cdots$，$m$，最终得各系统指标的权重。

本书将采用该种方式对自然、经济、社会三个系统的指标进行分别赋权评估，在将指标按照重要性在系统内进行排序和计算，利用状态空间法对三个系统进行融合，得到成渝城市群城市资源承载力的总体评价标准。

5.2.4 城市资源指标标准化原则与方法

根据上一小节中对基础指标的分析，本节将从实际数据角度来对相应指标代表的人口规模进行测算。由于城市资源承载力是研究在特定生产方式、生活方式和贸易条件下，城市在不损害后代发展权利的前提下所能提供的自然资源、经济资源以及社会资源能够维持的城市最大人口数量①。因此，需要将指标评价体系标准化为城市人口规模的测算，即每一种资源能够承载的城市人口数量。而由于选取的资源形式不同，需要采取的标准化方法也不同。根据成渝城市群城市资源承载力的特点，本书将选择均量比较法对不同资源进行人口规模标准化。

---

① 何悦. 中国城市最优规模：定义、构建与测算 [M]. 成都：西南财经大学出版社，2017.

均量比较法是将成渝城市群各城市资源存量按照我国城市平均人均资源占有或消耗量来折算，即以中国城市平均发展标准来测算，成渝城市群城市发展的水平。该方法计算简单，对处于西部地区的成渝城市群来说，以国家城市平均资源为基础，具有一定合理性，也可以以此作为城市发展的短期目标，检查是否达到国家发展的平均水平。

均量比较法较为简单，其表达式为

$$i_k^j = \frac{Q_k^j}{\bar{q}_k} \tag{5-8}$$

其中，i_k^j 表示 j 城市 k 资源指标准化后的资源承载人口数量，Q_k^j 表示 j 城市 k 资源的总量，$\bar{q}_k$ 代表全国所有城市 k 资源的人均拥有量。通过测算，可以得到以国家平均量为标准的成渝城市群对应资源可以承载的人口数。

根据《中国城市统计年鉴 2017》的数据，在数据可得范围内选取合理指标，对成渝城市群最新资源拥有和占用水平进行测算，并对自然—经济—社会系统资源在成渝城市群中的分布进行分类概述。

在自然资源中，选择 11 个三级指标为统计指标，其中，农用地选择实际播种面积，一般根据季节的不同，耕地可以进行多次播种，所以播种面积一般大于耕地面积，但更好地表征土地的农业生产力，可认为播种能力越高，土地生产能力越高。绿色用地使用的是城市绿地面积指标，一方面可以展示城市绿化情况，另一方面绿地也是城市发展的潜在储备，可以作为城市发展的土地资源；建设用地使用的是城市建设用地面积指标，指标的多寡决定城市在发展的空间资源；水资源利用采用的是城市供水总量指标，电能的利用选取全社会用电量，其余指标依次利用城市煤气（人工、天然气）供气总量，液化石油气供气总量等指标。在资源利用方式上选择"三废"排放总量和城市生活垃圾处理率来表征。

在经济资源中，采用 6 个三级指标来表征，因为经济和社会资源相互关联，本书认为从经济规模和经济交流两个方面说明问题即可。在市场规模中，选择社会消费品零售总额来表征，财政利用年度财政支出总额，投资规模运用城镇固定投资规模来进行测算，而对外开放维度则使用货物进出口总额来评价。在经济交流上选取全年城市货运总量和客运总量来表示。

在社会资源方面，主要选择城市基础设施和社会服务 2 个模块，在基础设施中，选取年末实有道路面积为统计指标，通信网络建设选择互联网接入户数，文化设施选择公共图书馆图书总藏量表征。在教育、医疗服务中，选择执业医师数、普通学校和职业学校专职教师数进行统计。社会保障选取城镇职工养老保险参与人数，而城市服务指标，则采用城市公共汽（电）车客运总数作为测算依据。

5.2.5 城市资源指标标准化结果分析

以全国城市均量为依据，对成渝城市群 16 个城市的资源进行标准化后，可以对城市内部的资源存量和使用情况进行总量估计，也可以以国家平均水平为基准，分析成渝城市群的发展差距，在此处，将以全国每万人平均水平所占有或利用的资源水平为标准，折算成成渝城市群内部城市在此标准下能够承载的人口来进行分析，资源的指标处理及结果详见表 5-3。

表 5-3　自然资源各项指标数据量化说明

指标	统计指标	最小城市资源规模/万人	最大城市资源规模/万人	全国万人均量
农业用地	实有播种面积（公顷）	144.8	2 760.7	1.2
绿色用地	绿地面积（公顷）	63.0	2 965.7	20.1
建设用地	城市建设用地面积（平方千米/万人）	83.9	3 092.4	0.4
水资源	供水总量（万吨）	51.5	3 320.7	42.0
电能	全社会用电量（千瓦时）	24.7	1 863.4	4 433.1
供气量	供气量（万立方）	51.4	4 373.1	87.9

针对资源利用方式的数据处理，由于各城市在统计口径和处理数据上存在差距，无法获得各城市"三废"排放的准确情况，因此，采用各城市单位 GDP（每万元）、消耗的能源（吨标准煤）与全国平均水平相对比，得出各城市单位 GDP 能耗指数公示，指数 1 表示全国单位 GDP 平均能耗，如果大于 1，表示相同能耗下，能够生产更大的生产总值，能源（资源）利用效率高；如果小于 1，则表示相同能耗下，生产的 GDP 并全国平均水平更小，能源（资源）利用效率低，如表 5-4 所示。

表 5-4　资源利用指标数据量化说明

指标	统计指标	城市最小值	城市最大值	全国万人均量
单位 GDP 能耗指数①	指数	0.5	1.3	1
生活垃圾处理率	生活垃圾处理率(%)	75.2	100	96.6

在自然资源中，各城市的资源拥有或使用量存在差距，就播种面积来看，全国平均每万人拥有平均播种面积 1.2 公顷，在此标准下，耕地资源拥有量最多的为重庆，最少的为雅安，但以国家平均值为标准，其城市资源利用测算规模都少于城市实际人口，说明成渝城市群耕地资源偏少，达不到全国平均标准。城市绿地资源以核心城市总量居首，但同样资源规模都小于其实际人口规模，绿地资源总体偏少，低于全国平均标准。但是在建设用地面积指标上，成都和重庆两地资源规模均超过全国平均水平，其他非核心城市中只有自贡市超过了全国平均水平，测算规模最小的是雅安市，说明建设用地规模在成渝城市群内部的失衡问题也较为明显。在能源方面，除了电力的使用，其他能源的利用同样表现出核心城市使用水平超过全国平均水平而其他城市利用水平较全国均值明显不足的问题。在单位 GDP 能耗方面，能源产出效率最高的为成都，表明成都市产能耗节约效率比全国平均水平高出 30%，而最低的为乐山，其能耗效率只有全国的一半。其余城市都在 0.5~1.2 中波动。总体来看，在自然资源中，只有供气

① 由于各统计资料对于"三废"处理的统计标准和统计口径不同，这里将以单位 GDP 所消耗的能源量（吨标准煤/万元）作为衡量资源综合处理方式的指标。

量指标上,成渝城市群的总体人均指标高于全国平均水平,其他指标均低于全国平均,说明成渝城市群的自然资源利用水平较低,见表5-5。

表5-5　经济资源各项指标数据量化说明

指标	数据指标	最小城市资源规模/万人	最大城市资源规模/万人	全国万人均量
市场规模	社会消费品零售 (万元)	92.86	3 025.48	24 033.69
公共财政水平	地方公共财政支出 (万元)	2 947.10	111.61	13 578.78
投资规模	固定资产投资 (不含农户)(万元)	2 132	128.88	87.25
对外开放水平	货物进出口总值 (亿元)	2 466.42	1.83	1.76
经济交流水平	公路货运周转量 (万吨/千米)	52.89	1 937.14	4 829.03
	公路客运周转量 (亿人/千米)	122.91	4 552.16	739.76

如表5-5所示,在经济资源系统,核心城市资源人均拥有水平和总量水平都遥遥领先于其他城市,但在全国的竞争力仍然不强。以国家均值为标准,在市场规模上,重庆市虽然总量最大,但测算的资源利用人口规模仍然小于其实际人口规模,表明其资源实际利用均值低于全国平均水平;资源利用测算规模超过实际规模的城市只有眉山和成都两座城市,说明在消费者潜力上,城市群总体还有待提高。在公共财政规模和城镇固定资产投资上,核心城市对固定资产投资的吸引力较大,高于全国平均水平,但财政水平都略低于全国均值,资源测算规模最小的城市为雅安市,其相应的两个指标的人均量都低于全国均值。在对外开放上,测算资源规模最大的城市为重庆,但是仍然未达到全国平均水平,在城市群中,仅有成都市对外开放水平超过全国均值,其他城市都远远落后于全国平均水平,特别是雅安、内江等城市,货物进出口总量极低。在经济交流方面,由于统计口径问题,无法获取包含公路、水路和航空的货运量和客运量,这里只能

使用公路的周转量来替代，通过观察数据发现，公路依然是人和物流动的主要交通方式，该指标能够较好地反映人流和货流的总体水平。在此情况下，因深处内地，成渝城市群的公路货运量远低于全国平均水平，测算规模量最大的城市为重庆，但也仅折算为 2 000 万人的全国平均货运规模，低于其城市实际人口规模；相比之下，客运量却优势明显，2016 年重庆 3 000 万余人口按照国家平均标准计算，约达到 4 500 万人的客运规模，而测算规模最小的为雅安市，也能够达到 122 万人，与当年实际人口规模差距不大。可以看出，成渝城市群人口流动高于全国平均水平，而货运规模却较小。总体上来看，成渝城市群除了公路客运周转指标高于全国平均指标，其他指标均低于全国均量，表明城市群总体经济资源水平还较为落后。

在社会资源方面，选择的是城市基础设施和社会服务两个模块，在基础设施中，选取年末实有道路面积为统计指标，通信网络建设选择互联网接入户数，文化设施选择公共图书馆图书总藏量表征。在教育、医疗服务中，选择执业医师数、普通学校和职业学校专职教师数进行统计。社会保障选取城镇职工养老保险参与人数为指标，而城市服务则利用城市公共汽（电）车客运总数作为统计指标，见表5-6。

表 5-6　社会资源各项指标数据量化说明

指标	数据指标	最小城市资源规模/万人	最大城市资源规模/万人	全国万人均量
道路面积	建成道路面积（万平方米）	66.03	3 260.60	5.45
互联网建设	互联网计入户数（万户）	158.18	3 949.85	0.21
文化设施	公共图书馆藏书量（册）	64.72	2 617.65	6.52
教育服务	普通学校和职业专职教师数（人）	153.98	3 221.15	92.51
医疗服务	医师数量（人）	196.14	3 374.59	16.80

表5-6(续)

指标	数据指标	最小城市资源 规模/万人	最大城市资源 规模/万人	全国万人均量
社会保障	城镇职工养老 保险(万人)	4 284.59	210.79	0.20
公共交通	公共汽车拥有量 (辆/万人)	3 709.75	2 872.80	49.37

从表5-6中可以发现,社会资源在核心城市的集聚更为明显,两个核心城市占据社会资源总量和人均占有量的第一梯队,除公共图书馆藏书量外,资源测算总量规模最大的城市均为重庆,且除了藏书量指标外,成都和重庆在所有指标上的人均量都高于全国平均标准。雅安市依然是社会资源总量最弱的城市之一,在建成区道路面积,互联网接入户数、教师数量、医生数量、社会保障和城市公共汽车拥有量中的测算均为最小值,与此同时,雅安市的实际人口规模也最小。另外需要注意的是,非核心城市在基础设施和公共服务上还有待加强,特别是城市道路面积指标上,许多城市相比全国平均指标远远落后,如雅安、达州、自贡等城市。在公共汽车拥有量指标为代表的城市服务上,雅安,广安等城市水平也远远落后于全国平均水平。但总体上看,城市群的社会资源总量要优于经济总量的集聚程度,在互联网建设、医生配备和城镇职工养老保险覆盖人群上,都高于全国平均水平,其他指标除了图书馆藏书量明显小于全国均量外,均接近全国平均水平。

可以发现自然—经济—社会系统资源在成渝城市群之间存在差异,总体来讲,自然资源属于城市群最为短缺的资源,其中土地和能源都较为紧张。而经济资源集聚状况稍好,但是不平衡的问题严重:经济资源向核心城市集中,其他城市的经济资源较为薄弱,远低于核心城市和全国平均水平。社会资源集聚总量较高,但不平衡问题更加突出,核心城市明显优于全国平均水平,更优于其他区内城市,相比而言,非核心城市的社会资源总量还有待提高。从区域来看,成渝城市群的自然、经济、社会资源总量集聚能力较弱,不平衡性问题突出,在未来既要提升城市群资源总量,做大"蛋糕",也要注意协同发展。

5.3　成渝城市群资源承载力评价结果

以上研究对城市单个资源指标利用规模进行了分析，但是城市发展是资源综合利用的过程，需要将三个系统的资源进行整合，得到城市资源承载力量化结果。本书通过对城市群内部城市自然、经济、社会资源承载能力的测算，并运用状态空间法将三者进行综合得到城市资源承载力的评价结果，本书将从成渝城市群总体情况和具体城市分析两个角度来分析。

5.3.1　成渝城市群资源承载力总体情况

在城市承载力测算中，主要运用全国均量为标准，对城市群 16 个城市的代表性自然、经济、社会资源进行了总量评估。因此该承载力既可以作为城市资源总量的量化指标，也可以作为与国家发展相对应的城市发展水平测度，通过将国家均量标准下的人口规模与城市实际人口规模相对比，可以找出城市发展在国家发展进程中的优势与差距，并从资源角度提高城市发展水平。

通过对三个系统资源承载力测算发现，成渝城市群中的经济资源的平均承载力最低，而社会资源平均承载力最高，社会资源的集聚强度高于自然和经济资源，这与全国发展情况一致[①]。从表 5-7 可以发现，总体来看，成渝城市群在社会、经济、资源三大资源系统下，自然和经济资源承载力都弱于全国平均水平，经过测算，2016 年成渝城市群自然系统的资源理论承载力为 8 245.29 万人；经济资源系统的理论承载力为 7 907.56 万人，而当年城市群实际人口规模为 9 898.5 万人[②]。自然资源和经济资源的集聚能力还不足，特别是经济资源的利用，以国家均值来看，成渝城市群的经济资源还有待提高。社会资源系统的可承载力为 10 210.7 万人，略高于城市群

---

① 何悦. 中国城市最优规模：定义、构建与测算 [M]. 成都：西南财经大学出版社，2017.

② 《规划》中没有包含重庆和四川的 15 个市的部分区、县，在计算资源承载力时候，因为统计数据限制，按照总体计算，人口也是按照总体计算的，所以计算是总体对总体，不存在人口与资源的统计偏差。

实际人口规模，表明成渝城市群社会资源积累较为丰富，但自然—经济—社会系统作为总体，共同影响城市群的资源承载力，总体上，城市群的资源承载力理论测算值仅为 8 782 万人，低于同期实际人口规模，表明其总体城市资源承载力较小，资源总量和利用水平较低。

表 5-7　成渝城市群资源承载力总体规模　　　　　　单位：万人

承载力测算结果	最小值	最大值	总值
自然资源承载力	72.1	3 137.1	8 245.287
经济资源承载力	94.7	3 241.6	7 907.555
社会资源承载力	134.0	3 429.3	10 210.7
城市资源承载力	99.4	3 252.6	8 781.988

按照《规划》层级划分来看，在表5-8中，核心城市的资源承载力远远高于区域中心城市和重要节点城市，两个核心城市资源能够承载的人口达到 5 326 万人，其中自然资源、经济资源、社会资源利用水平均高于全国平均水平，理论资源承载力均高于其实际人口规模；表明按照当前的全国发展平均标准，这两个城市目前还可以承载更多的人口。而五个中心区域城市的资源承载力理论测算值低于其实际承载人口，其中自然资源承载力测算值仅为 1 426.9 万人，经济资源承载力测算值最小，仅能达到 1 234.9 万人，仅为实际人口规模 50%左右；社会资源承载力测算值稍好，为 1 819.9 万人，综合来看，其城市资源承载力理论值为 1 500 余万人，小于其实际规模 2 329.5 万人，其城市资源承载力较弱，人均支配资源较少。9 个重要节点城市资源承载力同样低于其实际承载人口，总体来看，按照全国平均发展水平为标准，其资源测算承载力不足 2 000 万人，远远无法支撑其实际 3 000 余万人的资源需求。与其他层级的城市不同的是，重要节点城市的经济资源优于自然资源，表明这类地区自然资源禀赋较弱，但经济发展水平较高。

表 5-8 成渝城市群按《规划》级别分类城市资源承载力结果

单位：万人

	自然资源系统承载力	经济资源系统承载力	社会资源系统承载力	城市资源承载力	城市实际规模
核心城市	5 203.6	4 943.6	5 890.7	5 326.0	4 640.2
区域中心城市	1 426.9	1 234.9	1 819.9	1 505.3	2 329.5
重要节点城市	1 614.7	1 730	2 500.1	1 950.7	2 928.9

5.3.2 城市资源承载力分城市情况

成渝城市群内部资源承载力特点突出，即核心城市资源承载力高，而其他城市的资源承载力低，且其资源存在系统性的非平衡，即自然—经济—社会资源在核心城市都呈现出高集聚，高利用的情况，但是非核心城市则集聚能力低的问题，其具体表现为自然—经济—社会资源的理论承载能力都低于其实际规模人口，这一方面表现出非核心城市的资源总量低，另一方面也表现出这些城市与全国范围内城市发展的平均水平仍存在一定差距。因此，有必要对城市进行个体分析，找出发展中的资源短板。

成渝城市群的发展方向是以成渝双核为辐射的经济圈建设，因此，对各城市资源承载力的分析，可以以成都市和重庆市为核心，以距离为标准，分析城市资源承载力与城市群空间的联系。本书以城市之间高速公路里程为依据，构建双核距离指数，如图 5-1 的表达式为

$$I_D^{\ j} = D_t^j CD / D_t^j CQ \tag{5-9}$$

$I_D^{\ j}$ 表示 j 城市与双核的空间距离指数，$D_t^j CD$，$D_t^j CQ$ 分别代表 j 城市到成都的高速公路里程和到重庆的高速公路里程。如果 $I_D^{\ j}$ 小于 1，则表示 j 城市偏向成都，属于成都临近城市，理论上更可能受到成都的发展辐射；如果大于 $I_D^{\ j} > 1$，则表明该城市偏向重庆，属于重庆临近城市，理论上更可能受到重庆的发展的带动；如果 $I_D^{\ j} = 1$，则距离两核心城市的距离相似，属于中间城市，其受到核心城市的影响不明确。通过测算可以发现大多数川内城市都距离成都更近，仅有 6 个城市相对来说离重庆更近，其中广安，

达州和泸州明显更靠近重庆，需要更加关注与重庆的协调。遂宁、南充、宜宾以及自贡等城市距离两座核心城市的距离差异不大，除了与双核协同外，还需关注自身发展；德阳、绵阳、眉山等城市明显离成都更近，应该加强与成都的协同发展。

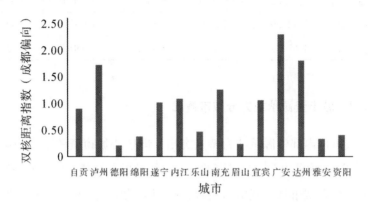

图 5-1　成渝城市群非核心城市的双核心距离比较

结合成渝城市群的实际情况，再借鉴前人关于生态承载力的研究，本书将对城市承载力的承载情况进行划分：与理论资源承载力相比，实际人口规模小于资源承载力可承载人口 90% 及以下的情况称为城市资源承载力可载；将实际人口规模在资源承载力人口 90%～110% 范围里的情况称为城市资源承载力满载；将实际人口规模超过资源承载力人口 110% 范围外的情况称为城市资源承载力超载。结合城市群规划发展定位和距离成渝核心城市距离等因素，本书将对 16 个城市的资源承载情况与实际人口规模进行比较，为了更直观的分析城市的资源差异，将利用资源理论测算值与实际值的差额占比（差额占比）＝（理论测算值－实际规模）/实际规模，来分析其资源短板和城市发展现实。

5.3.2.1　双核城市资源承载力情况

从表 5-9 中可以发现，重庆作为直辖市，2016 年人口规模超过 3 000 万人，辖区面积达到 82 370 平方千米，其自然—经济—社会系统资源集聚与利用水平均超过了全国平均水平。成都市作为四川省省会，副省级城市，2016 年人口规模近 1 600 万人，辖区面积为 14 335 平方千米。其城市资源承载力也全面超过全国平均水平。但可以看出，重庆市的资源规模大，但是其资源集聚能力和利用效率弱于成都市。

表 5-9 成渝双核城市资源承载力测算结果

核心城市	自然资源系统承载力		经济资源系统承载力		社会资源系统承载力		城市资源承载力	
	理论值/万人	差额占比/%	理论值/万人	差额占比/%	理论值/万人	差额占比/%	理论值/万人	差额占比/%
重庆	3 137.1	2.9	3 241.6	6.3	3 429.3	12.5	3 252.6	6.7
成都	2 066.6	29.8	1 701	6.9	2 461.4	54.6	2 073.4	30.3

在自然资源上，虽然重庆土地资源丰富但多以山地为主，其建设用地面积人均指标较少。另外，重庆市的能源人均使用量也较少，再加上其能源利用效率低于成都市，根据 2016 年单位 GDP 能耗指标来看，成都市平均效率高出全国平均水平 30%，但重庆仅高出全国 1%，利用效率接近全国平均标准。在经济资源系统上，两个城市的资源集聚和利用水平相当，成都市的市场规模较高，社会消费零售总额远高于重庆；对外开放水平也更高；但在公共财政上和固定资产投资方面，重庆市更胜一筹。社会资源系统差距较大，成都社会资源人均占有量明显高于重庆，主要体现在互联网建设、公共文化建设、医疗服务、社会保障和公共交通配置等方面，成都的资源集聚与利用水平明显更高。将自然—经济—社会资源系统相结合，得到城市资源承载能力可以发现，由于成都市在社会资源和自然资源利用上的明显优势，其城市资源承载力水平高于全国 30% 左右，资源承载力水平高于城市实际规模，城市人口规模还有进一步扩大的空间。相比之下，重庆市虽然有相同的城市承载力特点，但是其人口规模提升空间较小。

5.3.2.2 区域中心城市资源承载力情况

相比核心城市，区域中心城市的资源集聚能力和占用水平明显低于全国平均水平，其中与全国平均水平差距最大的城市为南充和宜宾市，南充市是除核心城市外人口规模最大的城市，辖区面积达到 12 477 平方千米。南充市资源集聚能力较差，在自然资源中，虽然辖区面积较大，但是其绿地面积和建设用地面积较小，其能源利用总量也较低。经济资源中市场规模、公共财政支出特别是进出口贸易较少，开放水平有待提高。在社会资源中，其城市基础设施和公共服务建设较为不足，导致其社会资源也明显落后。宜宾市人口规模为450万人左右，其自然资源短板主要体现在能源利用总量和效率低、绿色用地和城市建设用地面积较小；经济资源短板体现在其市场规模不足，以及财政支出和进出口水平；社会资源短缺情况相对轻微，其不足主要体现在文化、公共服务设施上的配置较少，如表5-10所示。

表5-10　成渝区域中心城市资源承载力测算结果

区域中心城市	自然资源系统承载力		经济资源系统承载力		社会资源系统承载力		城市资源承载力	
	理论值/万人	差额占比/%	理论值/万人	差额占比/%	理论值/万人	差额占比/%	理论值/万人	差额占比/%
绵阳	370.38	−23.0	199.43	−59	352.11	−26.8	318.55	−33.8
乐山	161.98	−50.4	244.84	−25	342.29	4.8	248.82	−23.8
南充	352.46	−44.9	263.93	−59	346.86	−45.8	324.29	−49.3
泸州	327.22	−24.0	344.75	−20	465.39	8.1	374.87	−12.9
宜宾	214.85	−52.4	198.90	−56	284.13	−37.0	230.90	−48.8

绵阳市的定位是国家科技城，该市2016年人口规模达到481万，其自然资源和社会资源配置相对较好，但是其经济资源集聚能力较差，主要体现在城镇固定资产投资和进出口水平上较弱，公共财政支出受到经济发展水平影响也明显弱于全国平均水平。乐山市的主要问题在于自然资源的相对匮乏，乐山市当年人口规模为355万人，辖区面积为12 723平方千米，它是著名旅游城市，城市绿地和建设用地面积较少，水资源和能源的利用总量偏低，再加上其单位产值能源利用率低，未达到全国水平的80%。情况稍好的区域中心城市为泸州市，泸州市人口为430余万人，行政区划面积为12 236平方千米，但域内多为丘陵高山地形，其社会资源相对丰富，

但自然资源和经济资源相对薄弱，主要体现在能源利用总量地，城市建设用地偏紧，经济上也是以进出口货物总值为代表的对外开放水平不足，固定资产和财政投资水平也弱于全国平均水平；在社会资源中，其公共服务水平较高，特别是教育、医疗和公共交通设施实力较强；相比之下，城市道路建设和文化设施等建设还有待加强。

结合空间区位来看，南充和宜宾虽然相对成都更近，但是差距不大，更属于中间地带城市，人口基数大，有机会成为大型城市，但是其资源承载力明显低于全国平均水平，更低于核心城市的集聚能力。绵阳市和乐山市都明显距离成都更近，其都属于成都核心圈辐射范围，但两者在经济和自然资源上各有落差，需要进一步发展。泸州市明显与重庆市的空间联系更密切，且人口规模较大，有望成为大型城市，需利用其社会资源优势，大力提高资源利用效率和发展经济。

5.3.2.3 重要节点城市资源承载力情况

重要节点城市发展情况与区域中心城市相似，资源承载力水平均明显弱于全国平均水平，尤以自然资源聚集能力较弱为主要特点，其中有 5 个城市的自然资源理论承载规模与实际规模相比短缺额达到 50% 左右。在 9 个城市中，达州市理论资源承载力最低，达州市当年人口数量为 560 万左右，辖区面积 16 588 平方千米，在成渝城市群中属于空间、人口规模都较大的城市，但山地和丘陵占比高达 98% 以上，自然条件较弱，城市绿地和建成区面积较小，再加上其能源利用量低，单位产出能耗高，是成渝城市群中能耗最高的城市，因此城市自然资源短缺严重。在经济资源上，市场规模和市场交流水平普遍较低，其中外贸发展十分落后，经济资源总体水平低。在社会资源上，由于其地形和经济水平的限制，基础设施建设较为落后，教育服务和社会保障较好，但是医疗资源和公共服务较差，见表 5-11。

表 5-11 成渝重要节点城市资源承载力测算结果

重要节点城市	自然资源系统承载力		经济资源系统承载力		社会资源系统承载力		城市资源承载力	
	理论值/万人	差额占比/%	理论值/万人	差额占比/%	理论值/万人	差额占比/%	理论值/万人	差额占比/%
自贡	224.00	-19.4	158.66	-42.9	266.90	-4.0	218.20	-21.5
德阳	243.05	-30.9	220.13	-37.5	268.93	-23.6	243.21	-30.9
遂宁	210.42	-36.2	241.85	-26.7	401.73	21.8	283.88	-13.9
内江	167.08	-55.4	228.91	-38.9	223.73	-40.3	204.88	-45.3
眉山	151.63	-49.5	223.26	-25.6	300.05	0.0	223.51	-25.5
广安	157.56	-51.7	168.35	-48.4	235.50	-27.9	185.08	-43.3
达州	217.70	-61.1	275.68	-50.8	281.74	-49.7	255.87	-54.3
雅安	72.13	-53.2	96.74	-37.2	133.95	-13.0	100.07	-35.0
资阳	171.16	-32.6	147.94	-41.8	175.70	-30.8	165.15	-35.0

从表 5-11 可以看出，城市资源承载力排在重要节点城市中倒数第二的是内江市。内江市当年常住人口为 374 万人，行政区划面积分别为 5 385 平方千米，但其能源利用总量和效率较低，城市土地资源总量也较低；经济资源方面除固定投资和公路旅客周转量较多外，其他经济指标水平均明显低于全国平均水平，在社会资源方面城市道路和市政设施建设落后。广安市城市资源承载力水平也是差距最大对三个城市之一，广安市当年常住人口规模为 326 万人，行政区划面积为 6 339 平方千米，其资源短板与达州市相似，体现在自然资源和经济资源上：城市绿地十分稀少，建设用地面积较少；其能源利用效率虽高，但是利用总量较低；经济资源上，市场规模较小，城市外贸水平极低；在社会资源上，其短板主要集中于城市基础设施和公共服务上，具体则体现在城市道路建设和公共交通提供水平等方面。

在重要节点城市中，有三个城市相对全国均值的资源短缺额达 30%~40%，分别为德阳市、雅安市和资阳市。德阳市当年人口为 351 万人，行政区划面积为 5 911 平方千米。资阳市当年人口为 254 万人，行政区划面积为 5 748 平方千米。两个城市的资源短缺情况相似，以自然资源和经济资源短缺为主，两个城市的绿地面积和建设用地面积较少，且能源使用总量较低。经济资源主要体现为市场和投资规模较低，对外开放水平也十分落后。在社会资源方面同样存在城市基础设施和公共服务设施建设不足的问题，资阳市的公共交通供给十分落后。雅安市略有不同，雅安市当年人口总量为 154 万，为城市群中人口规模最小的城市，但行政区划面积高达 15 046 平方千米，连接甘孜藏族自治州、阿坝藏族羌族自治州和凉山彝族自治州等多个民族自治州。自然条件相对较差，因此其资源短板主要体现在自然资源方面，城市绿地、建设用地严重短缺；能源使用总量低，且能源利用效率也处于偏低水平，城市自然资源集聚和利用水平低。相比而言，其经济资源和水资源条件较好，除市场规模和对外开放方面较弱外，其他方面与全国平均水平差距不大，社会资源除了道路和公共交通外，与全国平均水平差距较小，在医疗和社会保障上甚至高于全国平均水平。

重要节点城市中还有另外三个城市相对全国均值的资源短缺额为 10%～30%，分别为自贡市、眉山市和遂宁市。自贡市 2016 年常住人口规模为 278 万人，行政区划面积为 4 381 平方千米，是城市群中空间规模最小的城市。其资源短板以经济资源短缺为主，在自然资源上，主要是能源利用总量较低，但能源利用效率较高；经济资源上，其市场规模和对外开放水平是其主要短板，而社会资源除了基础设施（如城市道路）和公共服务供给（如文化设施建设）较落后外，其他指标都与全国平均水平差距不大，甚至还高于全国平均水平。眉山市的资源承载力特点是以自然资源短缺为主，经济资源短缺为辅，社会资源与全国平均水平持平。眉山市当年常住人口规模为 300 万人，行政区划面积为 7 140 平方千米。在自然资源方面存在城市绿地和建设用地面积不足的问题，资源利用效率和利用总量水平也较低。在经济资源中，眉山市经济资源总体水平较高，但在外贸和货物流动方面水平较低；相比之下，其社会资源总量水平较高，在互联网，医疗和社会保障方面优于全国平均水平。在对外开放水平上，自贡市和眉山市都存在外贸发展不足的问题。城市理论资源承载力相对最好的城市为遂宁市，该市当年常住人口为330万人左右，行政区划面积达到5 322平方千米，其资源表现与眉山市相似，也是自然资源为主，经济资源为辅，而社会资源明显高于全国平均水平。该市自然资源弱项主要体现在城市建设用地和能源使用总量上存在不足，经济方面，外贸和货物流动明显较弱；而社会资源总量水平较高特别是道路、互联网和医疗资源较为丰富。

从区位上看，这三个档位的城市也存在差别，处于最低"档位"的达州、广安和内江都距离重庆比距离成都更近，广安和达州都处于成渝城市群的边缘地带，地形多以高山、丘陵为主。另外达州距离重庆更近，但是到重庆的绝对距离超过200千米；内江到重庆和成都的绝对距离也接近200千米，距离两个核心城市较远。处于第二梯队的德阳、雅安和资阳距离成都比距离重庆更近，德阳和资阳更是在距成都100千米范围内，两个城市地理条件较川东北地区优越。雅安处于甘阿凉地区和成都的交汇地带，拥有一些得天独厚的条件，已经成为四川西向通道的重要枢纽。资源承载力相对最好的三个城市是自贡、遂宁和眉山，其中眉山与泸州都明显更加靠近两个核心城市，眉山距离成都70余千米，泸州距离重庆150余千米。遂宁在两个城市之间，与两个核心城市的距离均为150千米左右，但遂宁是川东北和川西南重要的连接城市，地形地貌条件较好，也是重要的交通枢纽，是两个核心城市的重要连接点。

综合来看，成渝城市群的城市资源承载力总量较少，未达到全国平均水平，且内部发展极不平衡，资源过度地向核心城市聚集，其他城市的资源承载力均小于其实际人口规模，而区域中心城市与重要节点城市发展状况相似，均受到自然资源、经济资源等的制约。总体来看，城市发展与其区位条件和自然条件存在较大关系。如何提高城市群城市发展能力？需要在城市群范围内，优化生产空间布局和生产条件，将资源向效率更高的地区集聚，城市群内部，各个城市要在自身资源承载力内找到城市定位和产业分工，这一过程就需要对城市的资源生产效率进行评估，下一章将对城市的生产方式和生产结构进行分析，评估城市生产效率，优化城市规模。

6 成渝城市群城市生产效率分析

上一章分析了成渝城市群的城市资源承载力，是对城市边界的探索，但这只满足了城市可持续发展的要求，而城市需要在此基础上实现稳定可靠的发展。随着城市发展以及资源利用效率的提高，城市资源承载力也会随之变动，在控制总量的情况下，提高资源的效率也是促进资源优化利用，提升资源承载力的重要方式。从成渝城市群实际出发，非核心城市的资源利用水平和集聚水平都较低，这一方面是其资源存量所决定的，另一方面城市资源的生产效率还亟待提高，本章将会探讨城市的生产效率，通过资源的配置优化实现城市生产效率的提高。

因此，本章将着重探索城市的生产效率如何提高的问题，一般而言一个城市的发展离不开宏观政策的支持，如广东深圳市从一个海边小渔村，在设立经济特区的政策优势助推下，焕发出巨大的经济活力，成为与北京市、上海市和广州市媲美的一线城市。城市发展也离不开政府管理的创新和区位条件的作用，东部地区许多城市都因为良好的区位条件和先进的政府管理水平而发展迅猛，成为政治级别不高，但经济实力雄厚的城市，如江苏省苏州市。这些因素对城市发展作用重大，但是从城市发展的产出角度出发，许多因素都只能作为外生因素影响城市的产出，而资源配置方式的改变和经济增长模式的变化才是影响城市发展的内生因素。

本书将以集聚经济理论为核心，探索城市最优的产出效率。而这一产出效率，就主要依靠人口在城市中的集聚来实现，在这过程中，人口集聚规模与城市产出效率就会出现一一对应的关系，本书通过集聚经济理论分析，运用计量经济学的方法，构建成渝城市群各城市人口规模与经济产出效率的关系，以经济产出的最大化对应的人口规模定义为城市最优产出规模，并与城市资源承载力研究相结合，得出城市优化发展路径。

6.1　模型假设

合理的假设将有助于我们抓住研究的主要矛盾，并反映出研究的本质问题，在对城市产出效率的优化研究中，需要将城市的生产、贸易模式进行简化，同时测算聚集人口的生产收益与生活成本等，以期获得最优的城市产出。本书将利用经济学中的投入—产出模型来分析城市发展中的边际成本与收益，并假设城市收益与城市规模之间的一一对应关系的函数形态为倒"U"形，以期获得城市最优的产出以及最优产出下的规模。

6.1.1　边际收益、边际成本与城市规模变动

城市形成是微观主体如企业和个人选择在空间上集聚的结果，企业雇佣工人去生产产品；个人提供劳动力并获得报酬。本书将以企业生产决策为依据，分析城市产出，在企业最基本的投入—产出问题中，企业以利润最大化来确定劳动力的需求，而劳动力的需求则是城市人口规模集聚的基础。对于企业来说，利润最大化的确定依据是边际收益等于边际成本（MR＝MC）。边际收益（marginal revenue）指每多生产一单位产品销售后带来的收益的增加。相对应的，边际成本（marginal cost）指每新增一单位生产的（或者新购）产品所带来的总成本的增量。当边际收益大于边际成本时，厂商生产净收益为正，厂商将继续生产，进一步雇佣劳动力，反映到城市中，则表现为城市人口规模将进一步扩大。当边际成本大于边际收益时，表明继续生产会使厂商的利润降低，因此厂商会缩小生产规模，减少劳动力需求；而当边际收益等于边际成本时，厂商达到利润最大化，劳动力需求达到相对均衡状态。

将微观选择与城市产出相联系，同样可以将城市收益—成本与城市人口规模之间的关系进行模拟（Edel，1972；Richardson，1972），如图6-1所示，城市的投入—产出中呈现两组收益—成本曲线，第一组为边际收益—成本曲线（MR—MC），在城市人口规模较小的时候，边际收益递增，但到达一定规模后，随着人口的增加，进入递减通道；边际成本则呈现出相反表现，在城市初期，随着规模的增加，边际成本递减，但是达到一定规模后，进入边际成本递增通道，这与一般的经济学原理分析相契合。第二组为平均收益—成本曲线。城市的平均收益表示为在一定规模下，人均产生的经济效益（经济产出）；而平均成本则表示为一定规模城市对居民造成的人均负担如居住地和生活地距离较远带来的通勤成本；城市生活环境恶化带来的健康成本等。在边际收益—成本的影响下，城市平均收益也呈现出先上升后下降的形态；而平均成本由于固定成本的存在，呈现一直上升的状态。城市的产出效率同样遵循边际收益＝边际成本（MR＝MC），城市净收益最大，相应的城市规模则为最优产出规模，如图6-1所示。

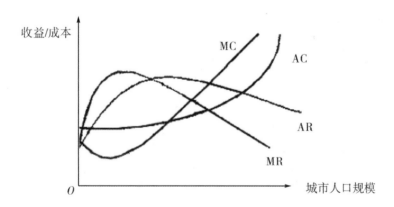

图6-1　城市人口规模与城市收益—成本关系

　　但在城市实际发展中，根据人口迁移定量，人类会向工资（产出）更高的地区流动，当边际收益＝边际成本时，城市平均收益仍然高于人均成本，人口的进入仍然可以带来更高的收益，这就是城市人口现实与理论的差异，但理论的分析对城市的发展将起到一定指导作用，本书也将讨论城市最优规模与城市实际规模的差异，并分析其差异来源。

6.1.2 倒"U"形的城市产出与规模关系

以"边际收益＝边际成本"为城市最优产出规模求解依据，需要找出城市总产出与城市规模之间的关系。从平均收益—成本与城市人口规模关系可以得到不同阶段下的城市收益变化情况。在城市发展初期城市规模较小的阶段，人口增加的边际收益大于边际成本，人口的增加有助于提高城市产出，因此，随着城市人口规模增加城市产出逐步增加。当人口规模到达"边际收益＝边际成本"时，这时城市产出收益达到最大化，如果城市规模进一步增加，将会因为边际收益小于边际成本，而使得城市的净收益降低。城市收益呈现出先增后减的倒"U"形规律，这与现实中的城市规律相契合，在聚集初期，城市规模的扩大带来人口的集聚、市场的扩大、基础设施的改善以及生产效率的提高。随着人口的增加，城市规模过大后，会带来交通拥挤、生活环境污染、社会犯罪增加等问题，从而造成城市收益的减少。因此，城市净收益与城市规模可以假设呈倒"U"形关系，如图 6-2 所示。

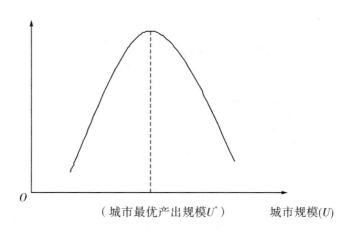

（城市最优产出规模 U^*）　　城市规模(U)

图 6-2　城市收益与城市规模关系

该假设成为研究城市发展的重要理论模型，许多学者都在城市经济学的研究中运用了该模型。在城市人口规模增长的规律探索中，许多学者都发现城市人口规模的增长呈现出先增加后减少的情况，或者增加的速度呈现出先增后降的规律（Baumol，1967）。后来，随着计量经济学的发展，学者逐渐开始利用二次方程来测算城市增长与人口聚集的关系，从而来推断城市规模的优化，如阿隆索模型（Alonso Model）的形成（Alonso，1971）。从此，阿隆索模型被广泛用于城市规模的优化研究中，并对世界各国如美国（Carlino，1982）和韩国（Choi Yong-Ho，1998）等国家的城市展开了丰富的研究。随着新经济地理学说的发展，许多经济学者也开始运用该模型来探讨城市收益（如城市劳动收入）等与城市规模的关系。许多研究结果表明，城市受益与城市规模存在倒"U"形关系（Henderson，1974；Helsley & Strange，1990；Black & Henderson，1999；Fujita et al.，1999；Duranton & Puga，2001）。本书也将借鉴前人的研究方法和思路，假设城市净收益与城市规模间存在倒"U"形关系，并以此作为计量分析的基础。

6.2　模型建立

基本假设设定后，将对城市规模与城市收益—成本之间的关系进行理论分析，这需要理论模型的构建。在本书中，通过数学公式的表达来阐述人口集聚与城市产出间的关系。在此过程中，理论假设以微观企业和个人的生产决策和劳动决策之间的相互作用为基础，以企业利润最大化、城市居民福利最大化为中介，最后通过两者的共同作用实现城市收益最大化。而本书将以企业劳动需求前提下的工资收益最大化为目标，分析城市规模与人均收入之间的关系，这一方法在理论实践中被证明具有良好的实践效果。

6.2.1　单一类型城市产出分析

本书将首先研究单一类型城市的产出优化，再放松限制进行多类型城市的研究。首先假设有许多个城市模型，城市类型相同，在城市中，企业提供产品，需要劳动力；个人通过提供劳动力获取工资，并购买产品。在这一过程中，企业实现利润最大化，个人实现收益最大化，两者融合实现城市收益最大化。在劳动力市场会达到劳动力的供给与需求平衡，从而达到城市劳动力规模的确定，进而成为城市规模的确定依据。在厂商生产活动和个人消费活动上构建各自的生产函数和效用函数。

6.2.1.1 厂商投入产出分析

在城市中，厂商将提供两种商品：一种是本地使用的商品和服务，即本地产品生产商；另一种主要提供给城市外的消费者，即贸易商品生产商。所有企业涉足的市场都是垄断竞争市场，而所有厂商都是垄断竞争厂商，因此产品都是差异化产品，遵循 Dixit-Stiglitz 模型（垄断竞争模型）。本地产品商生产的本地产品和服务不能进行区际交易，只能用于本地消费，或出售给贸易产品商和居民。本地产品及服务不仅为最终产品厂商提供中间产品，包括原料、半成品等，也为本地人口和企业的生产和生活提供服务。因此，本地产品商为居民提供的衣、食、住、行和其他生产所需商品和服务。

而贸易商品生产商生产的产品均为贸易品，这些贸易品不能用于本地消费，而全部进行区际交易。换句话来讲，专门为本地消费提供产品和服务的为本地生产商，不需要运输。专门为城市间贸易生产产品的企业为贸易产品生产商，其生产的产品成为贸易品。所有的贸易品在运输到其他城市过程中产生的运输成本都遵循冰山运输成本①假设。虽然现实中许多企业既要生产本地产品又要生产贸易品，但可以将本地产品和贸易产品的生产假设为两条独立生产线（厂商），因此，这里的假设不影响现实的运用。

6.2.1.2 贸易产品商投入产出分析

假设在单一类型城市中，贸易产品商将投入资本 k_y、有效劳动 l_y 以及 n_x 种中间产品 $x(i)$ 来生产贸易产品 $y(i)$。在生产贸易产品中会存在固定成本 c_y，假设固定成本至于产品规模相关，因此将会影响城市中厂商的规

---

① 在经济学中一般运输成本被看作"冰山"，类似于冰山在漂流过程中，在海洋气流和风的作用下会溶化掉一部分（Samuelson，1952），后来 Krugman 将其应用与国际贸易研究，表示一单位运往外地的产品中只有一部分能够到达目的地，其余部分都消耗在途中，消耗掉的就是运输成本。

模和数量。在此情况下，贸易产品商的净产出 $\tilde{y}$ 等于总产出扣除固定成本，可表示为

$$\tilde{y} = y(i) - c_y = A(\bullet)k_y^{\alpha}l_y^{\beta}\left(\int_{n_x}x(i)^{\rho}di\right)^{\frac{\lambda}{\rho}} - c_y \qquad (6-1)$$

根据马歇尔的外部经济理论，厂商在集聚过程中会有三类外部规模经济的来源：市场规模扩大提高中间投入品的规模效益；劳动力市场供应形成劳动力池；信息交换和技术扩散带来的溢出效应。外部规模效应将改变规模报酬递减的规律。因此，在这里假设要素投入遵循规模产出不变的规律，即 $\alpha + \beta + \lambda = 1$，$0 < \rho < 1$。而根据集聚经济效益，技术进步与集聚规模有关，结合前人的研究，假设技术进步与劳动规模有关：

$$A(\bullet) = AL^{\varepsilon} \qquad (6-2)$$

其中，L 表示城市有效劳动总量，L^{ε} 表示劳动规模带来的技术的"乘数"。根据 Duranton 和 Puga（2004）的研究，本地产品的种类增加将会带来聚集收益。而假设单位最终产品的中间投入是一定的，可以将总产出改写为 $y = A(\bullet)k_y^{\alpha}l_y^{\beta}(xn_x)^{\lambda}n_x^{\lambda(1-\rho)/\rho}$，而 $n_x^{\lambda(1-\rho)/\rho}$ 就表示本地中间投入增加带来的规模效应。其中 n_x 表示本地产品的数量，在聚集过程中，n_x 将随着城市规模的扩大而增加，根据新经济地理理论，最终商品的运输成本将会对消费者产生隐性的集聚收益。

在国际、国内市场上的任意一个城市的任意厂商都是垄断竞争厂商，假设在 j 城市，厂商对 y 商品的定价可以表示为（Overman et al.，2003；Head & Mayer，2004）

$$p_{y,j} = \mathrm{MP}_j^{1/\sigma_y}(y - c_y)^{-1/\sigma_y} \qquad (6-3)$$

其中，MP 代表市场潜力，$\mathrm{MP}_j = \sum_k \dfrac{E_k I^k}{\tau_{jk}^{\sigma_y-1}}$，表示所有其他地区市场对商品需求的和，其中，$E_k$ 表示另一个城市 k 的消费者总支出，τ_{jk} 表示单位商品从 j 城市运到 k 城市所承担的冰山成本，而价格指数 $I_k = \left[\sum_m s_{y,m}(p_{y,m}\tau_{km})^{1-\sigma_y}\right]^{-1}$，假设城市中厂商的行为一致，价格指数也是包含对其他城市的价格考虑。$s_{y,m}$ 表示所有在 m 城市（k、j 之外的城市）生产的最终商品，$p_{y,m}\tau_{km}$ 表示

在 m 城市生产的贸易商品在城市 k 的有效价格，价格的需求弹性 $\eta_y = -\sigma_y$，用来测算厂商对中间商品投入的需求。在垄断竞争下，贸易上商面对的市场潜力，除了与自身产品价格有关外，也与其他城市的贸易商品价格有关。

6.2.1.3 利润最大化下的生产决策

对于贸易产品生产商来说，付出的成本是资本投入成本、劳动力雇用成本以及中间产品的投入成本。假设厂商利润为销售收入减去固定成本、中间投入、劳动力成本以及资本成本。企业的生产的目的是实现利润最大化，因此贸易产品生产商利润最大化函数为

$$\max \pi_y = \max\{p_y[A(\bullet)k_y^{\alpha}l_y^{\beta}(\int_{n_x}x(i)^{\rho}di)^{\frac{\lambda}{\rho}} - c_y] -$$

$$\int_{n_x}p_x(i)x(i)di - wl_y - rk_y\} \tag{6-4}$$

其中 p_y 表示最终产品的价格，w 表示有效劳动力的工资，r 表示资本回报率，即资本的使用成本。$p_x(i)$ 表示本地中间投入 $x(i)$ 的价格，即中间投入的成本。如将价格函数 $p_y = MP^{1/\sigma_y}(y - c_y)^{-1/\sigma_y}$ 带入利润函数中，根据利润最大化的要求，对资本 k_y、有效劳动 l_y 以及中间投入 $x(i)$ 分别求一阶条件，整理后获得如下等式：

$$MP^{1/\sigma_y}(y - c_y)^{-1/\sigma_y}(\frac{\sigma_y - 1}{\sigma_y})\alpha y/k_y = r \tag{6-5}$$

$$MP^{1/\sigma_y}(y - c_y)^{-1/\sigma_y}(\frac{\sigma_y - 1}{\sigma_y})\beta y/k_y = w \tag{6-6}$$

$$MP^{1/\sigma_y}(y - c_y)^{-1/\sigma_y}(\frac{\sigma_y - 1}{\sigma_y})\lambda y/(n_x x) = p_x \tag{6-7}$$

6.2.1.4 本地产品商投入产出分析

本地产品商为了给贸易产品商提供中间产品以及为居民生活提供生活必需品，同样需要进行要素投入。其生产函数遵循 Dixit-Stiglitz 垄断竞争市场的产出模型，因此，其生产函数与贸易产品商相同，但其成本函数与贸易产品商成本函数不同。本地产品商除了中间产品的投入外，以劳动力

投入为主，特别是与贸易产品商相比，更多的非贸易品是以生活服务业为代表的服务，因此，贸易产品商使用的资本投入相比本地产品商更多，在这里可以采取的方式是以相对资本投入概念，假设贸易产品相对本地产品上使用资本。因此，为了简化本地产品商的生产函数，将其成本设定在劳动投入需求上，其成本函数定义在单位劳动成本中，表示为

$$l_z = f_z + c_z X \tag{6-8}$$

其中，l_z 表示生产产品 z 的劳动总成本，f_z 表示单位劳动力的固定成本，c_z 表示为单位有效劳动力的边际成本，而 X 表示为中间产品总产出量，表示中间品产出越多，投入的成本越高。这里同样假设中间产品只在本地的垄断竞争市场中进行交易。

而假设本地产品商的价格需求弹性 $\eta_x = -(1-\rho)^{-1}$，且在聚集效应下的劳动力效率一致的情况下，同样以本地产品商达到利润最大化目标。在 Dixit—Stiglitz 垄断竞争模型下，本地产品商提供的商品及服务价格、产品产量以及成本的最优解可表示为

$$p_x = \frac{wc_x}{\rho} \tag{6-9}$$

$$X = \frac{f_x \rho}{(1-\rho)c_x} \tag{6-10}$$

$$l_x = \frac{f_x}{(1-\rho)} \tag{6-11}$$

6.2.1.5 两类厂商市场均衡状态求解

对整个城市而言，贸易产品商和本地产品上共同的劳动力需求构成本地劳动力需求，而本地产品商提供的中间商品是两者的桥梁。s_x 表示本地产品商的数量，s_y 表示贸易产品商的数量，x 是单个贸易产品商对中间产品的需求量，而 X 则是贸易产品商对中间产品的总需求量。

$$s_x l_x + s_y l_y = L \tag{6-12}$$

$$X = s_y \otimes x \tag{6-13}$$

将 l_y 带入式（6-6）后带入式（6-9），得到 l_y 的表达式：

$$l_y = \frac{\beta}{\gamma} \times \frac{f_x}{1-\rho} \times \frac{s_x}{s_y} \tag{6-14}$$

再利用式（6-12）可以得到提供给本地的产品和服务的最优数量的表达式：

$$s_x = \frac{\gamma}{\gamma+\beta} \times \frac{(1-\rho)}{f_x} \times L \tag{6-15}$$

因此，也可以得到贸易产品商生产点产品的最优数量的数学表达式：

$$s_y = Q^{\frac{1}{1-\alpha}} \mathrm{MP}^{\frac{\alpha/\sigma_y}{1-\alpha}} r^{\frac{\alpha}{1-\alpha}} A^{\frac{1}{1-\alpha}} L^{\frac{\varepsilon+\gamma/\beta+\rho}{1-\alpha}} \tag{6-16}$$

6.2.1.6　有效劳动力供给

有效劳动力的供给是形成城市最优产出规模的基础，是城市集聚和行程城市规模的动力。前文的推导仅关注了城市集聚带来的收益，但是城市规模的扩大也会带来一些成本，如通勤成本，为了衡量这一成本，假设城市是一个匀质的原型，且工作地（中央商务区，CBD）在城市的中心，居民匀质的居住在城市的各个地区，由于城市人口规模的扩大，人口通勤的成本随着与中心距离的增加而增加，将 CBD 缩略成一个点，则可以测量人口通勤的距离。假设城市劳动力总量为 N，在匀质分布下，该城市的半径为 $\pi^{1/2}N^{-1/2}$。生活在里中央商务区距离为 h 的人口每单位路程将耗费时间 t，通勤的总成本则为 th，而整个城市在通勤上花费的成本为 $\int_0^{\pi^{1/2}N^{-1/2}} 2\pi h(th)\,dh$，其中 $\pi h dh$ 的人口生活在离 CBD 半径为 h 的生活圈内，整合后城市人口通勤的总时间为 $2/3\pi^{1/2}tN^{3/2}$，该城市的有效劳动力 L 则等于劳动力供给总量扣除通勤上花费的成本：

$$L = N - (2/3\pi^{1/2}t)N^{3/2} \tag{6-17}$$

通过建立有效劳动力和城市规模的关系，可以以企业利益最大化为标准，来选择最优的劳动力需求，从而求解城市最优的人口规模。

6.2.1.7　最终模型求解

在得到贸易产品商和本地产品商的均衡解后，利用城市劳动力规模 N 的表达式替代有效劳动供给 L 可以求出人均最优产出和城市规模的关系，而城市最优产出下的劳动力规模 N^* 可以表示为以下参数估计值：

$$N^* = \left[\frac{\varepsilon + \gamma(1-\rho)/\rho}{a_0(\varepsilon + \gamma(1-\rho)/\rho + 1/2(\varepsilon + \beta + \gamma/\rho))} \right]^2 \quad (6-18)$$

通过参数估计可以得到城市产出效率最大化下的城市规模，即最优产出规模。通过静态分析可以对最优产出规模的基本特征进行基本判断，ε 表示城市规模的外部性特征，$\partial N^*/\partial \varepsilon > 0$ 表示外部性特征的增加将提高城市产出最优规模，将倒"U"形的波峰往上移动。ρ 代表要素替代率，$\partial N^*/\partial \rho < 0$，替代率与最优产出规模为反向关系，要素替代率越低，表示生产中间品的投入减少，即最终产品的多样性提升，城市最优产出规模将提高。γ 表示中间投入效率，代表部门经济多样性。其影响由 $\beta(1-\rho)$ 与 $\varepsilon\rho$ 的相对大小来确定。当 $\beta(1-\rho) > \varepsilon\rho$ 时，$\partial N^*/\partial \gamma > 0$，表示当限制规模外部 ε 时，会影响劳动力产出率 β。这时，规模外部性的增加或者是部门经济多样性增加，将提高城市最优产出规模。

根据生产均衡求出城市的城市规模，但是现成的数据并不能直接测算规模的确切数字。由于资本投入无法直接获取，需要对资本的使用量和价值进行测算。根据已有的数据基础，可以通过城市资本增加量来进行转换，间接得到城市规模的表达式，如下式：

$$CV = Q MP^{1/\sigma_y} AK^\alpha \left(N - a_0 N^{3/2} \right)^{\varepsilon + \beta + \gamma/\rho} \quad (6-19)$$

其中 CV（city value）表示城市总资本增加量，其中 Q 是常数，表示为参数的组合。将产出以人均产出的形式定义，两边同时除以 N，得到人均资本产出。为了更好地进行估计，通过对数化的方式进行估计，如下式：

$$\ln(CV/N) = 1/\sigma_y \ln MP + \ln A + \alpha(K/N) +$$
$$[\ln Q + (\beta + \gamma/\rho + \varepsilon) \ln(N - a_0 N^{3/2}) - (1-\alpha) \ln N] \quad (6-20)$$

在单一类型城市假设下，该方程可以作为估计城市最优产出规模的基本方程，但是与现实进一步结合，单一类型城市的假设该式可以作为单一类型城市劳动力规模的计量依据，但是在现实中，城市类型是多种多样的，其生产结构和生产方式也有差异，需要将城市类型进一步放宽进行分析。

6.2.2 多类型城市的最优产出规模

城市群中的城市类型众多，在成渝城市群内部可以发现，核心城市、区域中心城市和重要节点城市在资源集聚，资源利用上存在差异。城市间存在不同类型和等级，相应的，不同城市的最优产出规模也不相同，需要针对不同类型城市进行测算和分析。

但城市间差异体现在许多方面，如城市的区位条件、资源禀赋还有不同的自然、经济、社会资源水平、文化传统等，如何表征城市差别成为关键。在世界城市发展历史中，可以发现随着城市发展水平和规模的提高，城市的产业结构也在不断变化，且全世界的城市都呈现出同样的规律，即随着城市发展水平和资源水平的提高，城市产业逐步从第一产业向第二产业发展，第二产业向第三产业发展。相应的，产业结构也可以表征城市发展的不同类型。借鉴已有的研究，选择城市产业结构比（Manufacturing to Service ratio，MS）[①] 作为衡量城市类型的不同指标。产业结构比主要指服务产业与工业产值的比例，即 $MS = (1 - \gamma)/\gamma$，其中，γ 为第三产业在第二、三产业中的占比，可以表示为 $\gamma = 1/(1 + MS)$，并将其带入模型中进行分析，见表6-1。

表6-1　成渝城市群 MS 变化情况

城市	2010 年	2011 年	2012 年	2013 年	2014 年	2015 年	2016 年
重庆市	1.51	1.53	1.33	1.22	0.98	0.94	0.92
成都市	0.89	0.93	0.94	0.91	0.87	0.83	0.81
绵阳市	1.44	1.65	1.68	1.60	1.53	1.48	1.30
乐山市	2.20	2.40	2.38	2.29	2.05	1.96	1.55
南充市	1.79	1.97	2.03	2.01	1.81	1.69	1.42
泸州市	2.00	2.32	2.37	2.28	2.23	2.13	2.05
宜宾市	2.38	2.68	2.70	2.47	2.27	2.12	1.77
自贡市	1.93	2.06	2.15	2.11	2.02	1.89	1.83
德阳市	2.26	2.46	2.44	2.31	2.20	1.83	1.61

[①]　AU C C, HENDERSON J V. Are Chinese cities too small [J]. The Review of Economic Studies, 2004 (3)：549-576.

表6-1(续)

城市	2010 年	2011 年	2012 年	2013 年	2014 年	2015 年	2016 年
遂宁市	1.94	2.02	2.08	2.06	2.03	1.98	1.63
内江市	2.65	2.95	2.98	2.85	2.70	2.48	2.11
眉山市	2.09	2.20	2.26	2.19	2.05	1.98	1.63
广安市	1.54	1.73	1.79	1.77	1.72	1.62	1.59
达州市	1.91	2.16	2.15	2.09	1.93	1.63	1.12
雅安市	2.00	2.16	2.24	2.10	2.01	1.88	1.64
资阳市	2.21	2.41	2.49	2.43	2.35	2.22	1.85

从表6-1中可以发现，成渝城市群内各城市产业结构比逐渐优化，即第二产业比重下降，第三产业比重上升，但群内第二产业占比仍然较高，只有两个核心城市的第三产业占比高于第二产业。其他城市第二产业都明显高于第三产业，甚至有些城市的第二产业是第三产业产值的两倍有余，城市产业仍以第二产业为主，产业结构仍待优化。

如果城市的产业结构比发生变化，相应的 γ_h 就会发生变化，在企业规模生产不变的假设下，不同投入的参数将发生变化，从而影响到不同城市的最优规模。在存在不同等级城市的城市体系中，城市规模与城市增加值的关系可以改写为

$$\text{CV}' = Q'\text{MP}^{1/\sigma_y}\text{A}K^\alpha \left(N - a_0 N^{3/2}\right)^{\varepsilon+\beta+\gamma/\rho} \left[\left(N - a_0 N^{3/2}\right)^{(1+\text{MS})^{-1}}\right]^{1-\rho/\rho}$$

$$(6-21)$$

这里的 Q' 为参数的组合，我们同样认为是常数。为了计量的方便，将城市产出定义为劳均产出，两边同时除以劳动力总量 N，再进行对数化处理。因为 $\beta + \gamma$ 和 $\rho + \varepsilon$ 会随着 MS 而变化，因此在计量中，直接将其合并进入 MS 中进行核算，可以将其改写为

$$\ln(\text{CV}/N) = 1/\sigma_y\ln\text{MP} + \ln A + \alpha\ln(K/N) +$$
$$[a_1 N - a_2 N^2 - a_3 N \times \text{MS} + a_4\text{MS} + a_4\text{MS}^2] \qquad (6-22)$$

通过上述变换，利用各个城市的第二产业与第三产业的比例，以及其他表征城市差异的指标，根据已有的统计数据，对城市最优产出规模进行

计量和求解。从理论上分析可知 a_1，a_2，$a_3 > 0$，以及 $a_1 - a_3\mathrm{MS} > 0$，通过优化劳均产出以及劳均资本比，可以得到最优规模的表达式：

$$N^* = (\frac{a_1 - a_3\mathrm{MS}}{2a_2}) \qquad (6\text{-}23)$$

6.3 计量估计

6.3.1 计量方法概述

在模型建立中已经得出了城市规模与城市产出间的函数关系。对函数进行对数化处理便可得到相应的估计如式（6-24）。其中，除了上文已经描述的变量外，X 表示城市的其他控制变量，ε 表示误差项，可以在本式的基础上对城市规模与产出的关系进行模拟。

$\ln(CV/N) = C + 1/\sigma_y\ln\mathrm{MP} + \ln A + \alpha\ln(K/N) + a_1N + (-a_2)N^2 +$

$\qquad (-a_3)\,N \times \mathrm{MS} + a_4\mathrm{MS} + a_4\mathrm{MS}^2 + \beta X + \varepsilon \qquad (6\text{-}24)$

根据上式可以对城市产出与城市规模关系进行计量估计。但需要注意的是计量分析中的内生性问题。由于可能存在因为遗漏其他影响城市产出的因素，或解释变量与被解释变量相互影响互为因果，造成估计的偏误。例如，由于引进新的技术而带来生产效率的提高，从而影响城市的投资与工资水平造成城市规模的扩大。而城市规模的扩大带来供求市场的扩大又有利于技术水平的引进与提高。这样的问题带来的计量上的偏误称为内生性问题。解决内生性问题最常用的方法为工具变量法。

工具变量法是在存在内生性问题的模型中，利用工具变量来替代有偏变量进行估计的方法。工具变量法的具体方式是寻找一个变量与模型产生内生性问题的解释变量高度相关，但却不与随机误差项相关的工具变量，那么就可以用此工具变量对内生的解释变量进行替代后，回归得到一个一致估计量。工具变量法的核心是寻找合适的工具变量来对产生内生性问题的变量进行替代从而得到一个无偏估计。

6.3.2 变量描述

在估计中涉及解释变量、被解释变量、控制变量等变量，需要对其处理过程进行说明。估计模型中存在市场潜力、技术等无法直接获得的变量以及内生性问题，因此需要对变量进行处理和选择。

6.3.2.1 内生性问题和工具变量选择

衡量城市的经济效率会存在许多复杂因素干扰，这是因为影响城市经济效率的因素十分复杂，且相互关联，要研究城市规模与生产效率之间的关系，就会因为变量之间的复杂性而产生内生性问题。本书也将从城市发展现实入手，针对变量存在的内生性问题进行讨论，并选取合理的工具变量和方法规避该问题。

由于最优产出规模是在资源总量保持不变，生产方式和生活方式保持稳定的情况下的城市产出最大化下的城市劳动力规模。但随着城市的发展，城市的生产方式不断改进，其资源利用效率也在不断变化，本书主要利用 2010—2016 年成渝城市群相关数据对城市劳动总量和城市产出之间的关系进行分析。由于我国特殊的城市发展进程，城市发展除了市场化的因素，非市场化的因素也存在，但在估计中无法直接运用变量来进行表征，会存在因为遗漏变量而产生内生性问题，本书拟采用增加部分控制变量和工具变量发来处理。

除了非经济要素，经济要素带来的内生性问题主要源于反向因果关系，在这里需要利用一些变量来替代具有内生性的变量，本书选取 1997 年前后相关经济数据如普通高等学校在校生数量、城市建成区面积、城市医生数等变量，来替代 2016 年相同变量，并以此作为工具变量进行估计。

6.3.2.2 间接变量处理

从计量模型中可以发现，部分变量难以直接从统计数中获取，需要进行一定的换算和处理，如表征技术的变量和市场潜力，这些间接变量需要根据理论模型中推导的关系来进行处理。

（1）关于技术水平变量的处理

对于技术水平（A）的处理。技术水平是影响城市经济发展和社会发展的综合性影响因素，无法直接计量。根据前人的研究，可以利用两个指标来表征城市的技术水平：一是城市大专生及以上学历学生人数占劳动力总人数的比例，根据已有的研究和社会发展现状，地区培养的高等教育学生占比越多，能够在一定水平上表明该地区劳动力学历素质越高，也能代表该地区的劳动生产技术越高。二是利用城市研发人员折合人员小时数除以城市人口作为衡量城市技术水平的指标。

（2）关于市场潜力变量的处理

市场潜力（MP），表示国内外市场对本城市商品的需求程度，也就是衡量该城市的市场辐射度指标。有关文献对该指标的构成进行了一些研究，如 Overman 等（2003）、Hummels（2004）从交易信息流的角度对不同国家间的产品进行匹配研究。由于工作量巨大，其不是研究重点，在这里无法开展。再加上我国对人口流动的限制，无法利用人口完全流动下的最优化市场方程（Hanson，2005）来求解影响城市市场潜力的关键因素。鉴于以上因素，本书将根据市场潜力的表达式，构建一个以成渝城市群为参照的市场潜力运算体系。

根据市场潜力表达式 $\mathrm{MP}_j = \sum_k \dfrac{E_k I^k}{\tau_{jk}^{\sigma_y - 1}}$，则需要求解产品支出 E，以及从城市 j 到城市 k 的交通运输成本等。一是对于支出的衡量，由于城市群的主要经济辐射在四川和重庆，本书主要采用四川省和重庆市年度 GDP 之和来表示。二是距离对运输成本的影响。在文献中一般将运输成本认为是技术和距离的函数（Hummels，2004），使得 $\tau_{jk} = S_j d_{jk}^{\delta}$，但 δ 表示距离的成本"乘数"取值有不同的研究，Hummels（2004）对美国的运输成本进行研究，将铁路运输值定为 0.57。而 Poncet（2004）则将其定为 0.82。根据成渝地区目前的经济发展状况和交通技术发展条件，本书认为定为 0.8 左右较为合适。

城市内部的交通指数衡量城市内部市场的便利性，在这里需要假设城市或商圈空间上呈圆形分布，那城市内部人口到市场的距离可以看作人口到市中心购物和消费在交通上花费的距离（Davis & Weinstein，2001）。因此以一个匀质的圆来假设城市形态，则可以将城市内消费者到市场的平均距离设定为 $d_{jj} = \frac{2}{3}r_j$，其中 r 为该城市的市区半径。而 S 表示技术在运输中的作用，S 越大，运输成本越小，其确定方法采用城市 GDP 与城市内部消费比值决定，S 越大，说明产品消费越多，比值越小，符合假设。因此可以运用城市内部运输，$S_j d_{jj}^{0.8} = GDP_j / consumer_j$ 来求解。

对产品独特性 I^k 的确定，表示在同一类型商品中（包括进口和本地产品），该商品独特性带来的价格差异。但由于无法获得商品的价格数据以及无法对商品进行区别，对该变量的构建存在一定难度。这里借鉴（Head & Mayer，2004）的研究结果，将 I^k 标准化为 1，成为标准市场潜力来展开研究，并分析由此带来的偏误造成的影响。为了简化分析，这里将城市市场分为国内市场和国外市场。市场潜力可以分为两个部分：$\ln\mathrm{MP}_j = \ln\left(\sum_{k \in CY\text{citis}} \frac{E_k}{Ad_{jk}} + \frac{E_f}{Ad_{j,\,coast}}\right)$，其中城市是到其他城市和本城市市中心的相对距离和位置，这里主要讨论成渝城市群各城市之间的公路距离；国外市场是将成渝城市群作为整体，以到香港①的距离作为到海外的距离。E_f 表示为国际收入及货物出口价值，为方便计算，可以得到

$$\ln\mathrm{MP}_j \approx \ln(\mathrm{MP}_{j,\,domestic}) + \frac{E_f}{\mathrm{MP}_{j,\,domestic}(Ad_{j,\,coast})} \qquad (6\text{-}24)$$

6.3.2.3 变量选择

根据计量模型要求和控制变量的选择，本书主要选择以下变量和数据进行分析：

城市人口，利用年末常住人口指标来衡量。虽然目前统计分录中存在年末户籍人口、年末常住人口等指标，但年末常住人口是指统计指标中的常住人口概念，是指在完整年度内，经常在家，或是超过半年在家，且经济收益与生活成本都与家庭共担的人口。该指标表明其经济活动和生活活动多处于该城市，对城市规模造成影响。因此选择该指标来衡量城市人口

---

① 香港作为我国最主要的通商口岸，是对外开放度最高的城市，将以此城市作为海外城市的参照，就以成渝两核心城市内江市人民政府到香港特别行政区政府的公路距离为准为 1 583 千米。

更为科学。

城市产出，则选择城市国内生产总值（GDP）来衡量。国内生产总值是指按市场价格计算的一个国家（或地区）所有常住人口或企业在一段时间（通常是完整年度）内经济活动的总价值。如果以物质来衡量，国内生产总值是所有在当地的常住人口和单位在一定时期内最终消耗的产品和服务的价值以及产品及服务的净出口价值之和①。本书将以市场价格表示的价值形态来作为研究凭借。

产业结构比（MS），因为城市是非农产业的聚集地，按三次产业分类则主要是第二产业与第三产业的聚集地，所以第二产业与第三产业国内生产总值比可以表示城市产业结构比。

城市雇佣劳动力，利用的是城市中的从业人口总量。资本投入采用城镇固定投资（不包含农户）来进行表征；国外直接投资（FDI）则可直接使用数据来源中的国外直接投资指标进行核算。

另外还有一些变量表征社会发展的主要特征，作为控制变量指标，如城市建设情况，包括城市道路建、建成区面积等；城市发展情况包括医疗、教育资源等。在计算城市潜力需要获取城市与城市之间距离，主要通过权威导航网站上各城市委市政府间最短的公路距离为依据（部分城市之间未开通铁路）。

6.3.3　数据描述

利用《中国城市统计年鉴》《四川省统计年鉴》和《中国统计年鉴》中的相关数据，对成渝城市群的重庆市和四川省的 15 个城市的经济发展和劳动力规模之间的关系进行评估。

6.3.3.1　数据来源

本书主要选取成渝城市群 16 个城市 2010—2016 年的相关城市数据，对一定条件下的城市最优产出规模进行计量分析。本书将选择包含城市生产力、技术水平、资本投入以及市场潜力等因素的相关指标进行研究。另

---

① 数据来源：中国国家统计局。

外，为了解决内生性问题，对教育、资本投入以及 FDI 等数据将追溯到 1997 年①。

在本书中将引用到多个数据来源作数据支持，主要涉及以下数据来源：城市层面的数据主要来自《中国城市统计年鉴 1997—2017》相关数据、《中国统计年鉴 1997—2017》相关数据、《四川省统计年鉴 1997—2017》以及社会经济发展统计公报等相关数据以作补充。

6.3.3.2　数据处理

变量 N 为城市劳动力总量指标，利用 1998—2017 年《中国城市统计年鉴》中全市从业人员期末数来表示。城市净产出 CV 则利用城市实际产出，即利用城市 GDP 来测算；资本 K 则利用 1998—2017 年《中国城市统计年鉴》中的固定资产投资数量来表示。产业结构比 MS 则利用该市第二产值和第三产值的比来计算表示。另外城市常住人口作为城市规模人口的外围补充，采用年度常住人口为依据。

技术水平 A 是一个非直观变量，需要利用相关数据进行表示。根据前文的说明，这里选择两个指标来表征技术水平：一是该城市普通高等院校相关情况如毕业学生数、教师人口数占比；二是利用城市发展中 GDP 标准能耗值来表征，该数据可从《四川省统计年鉴 2017》和中国国家统计局网站上获取。

城市市场潜力 MP 同样是一个非直观指标，也需要其他数据来表示，但情况更为复杂。市场潜力 $\ln\text{MP}_j \approx \ln(\text{MP}_{j,\,domestic}) + \dfrac{E_f}{\text{MP}_{j,\,domestic}(Ad_{j,\,coast})}$ 表示国内外市场对本城市商品的需求程度，也就是衡量该城市的市场辐射度指标。根据前文的分析，该指标需要用到所有商品的支出数据，这里的 E_k 利用四川和重庆的生产总值来表示，E_f 用四川和重庆进出口额来表征，到沿海城市的距离以成渝城市群中心到香港的公路距离来测算。数据来源于《中国统计年鉴》相关年份数据。市场间的运输距离 d_{jk} 主要以城市市

---

① 因为国家统计局数据以及《中国城市统计年鉴》中部分指标从 1997 年才开始统计，之前数据无法获得，所以以此年份作为部分工具变量的代表。

政府到双核城市市政府的最短公路距离来衡量①。

另外还有其他一些表示城市特征的变量，这里将选取表征社会发展水平的每万人或人均拥有的医生数、城市道路拥有量、建成区面积和网络普及率等作为控制变量。这些数据都将从《中国城市统计年鉴》和《四川省统计年鉴》中获取。

6.3.3.3　数据特征

根据计量要求，从各统计年鉴和经济社会发展公报中的中获取原始数据并经过处理得到城市劳均年产值（GDP 总值/城市从业总人口）、城市劳均固定资本投入。城市产业结构比、市场潜力等通过数据测算得出，其他城市特征变量也均用劳均指标如用于表征技术水平的劳均普通高等学校教师数，劳均城市道路拥有量、劳均建成区面积等。《中国统计年鉴》中重庆市的从业人口分为城镇单位就业人员数和私人企业和个体就业人数，将两者加起来可以得到从业人数。MS 利用第三产业产值/第二产业产值来衡量。医生数按照执业医师和职业（助理）医师数相加获得。

数据结果如表 6-2 所示。

表 6-2　2016 年成渝城市群内城市数据特征

数据	平均值	最小值	最大值	标准差
劳均产值/元·人	56 299.93	25 263.31	138 452.3	26 210.97
市场潜力	304.45	52.04	1 224.57	248.11
产业结构	1.92	0.81	2.98	0.48
劳均固定资本投入/元·人	4.33	1.72	11.26	2.18
劳均财政支出/元·人	6 057.21	2 796.60	2 497.31	20 220.86
单位 GDP 能耗/吨标准煤·万元	0.83	0.456	1.538	0.83
普通高等学校教师数人/每万人	14.52	0.531 148 7	58.946 67	14.52
劳均城市道路面积/平方米·人	5.11	0.549	45.98	5.192

---

① 利用专业的导航软件能够获取各城市市政府的最短公路距离，是因为部分城市之间未开通铁路，从而用公路距离来表征。

表6-2(续)

数据	平均值	最小值	最大值	标准差
劳均建成区面积/平方千米·万人	0.40	0.14	1.46	0.24
医生数/人·每万人	32.54	15.62	63.49	11.17
城市期末从业人口/万人	310.90	95.28	1 472.34	256.71
城市年末常住人口数/万人	607.33	150.7	3 048	674.52

6.4 计量结果

本书共选用成渝城市群16个城市7年的相关数据进行计量分析,样本量总共112个,满足大样本标准,同时面板数据能够有效地解决因为遗漏变量带来的内生性问题。将计量模型带入,选用面板数据的固定效应的模型进行估计,得到如下估计结果。

6.4.1 参数估计结果

本书运用面板数据对成渝城市群城市劳动力规模（N）和产出之间的关系进行了计量分析,模型1为一般固定效应分析,模型2通过调整控制变量进行模型的稳健性检验,两个模型的拟合估计值都在95%以上,拟合效果较好。另外,通过控制变量的增加,计量结果显著,且两个模型估计结果一致,且拟合效果更加,表示计量结果稳健。

从表6-3的参数估计结果可以发现,关于a_1,a_2,$a_3 > 0$的理论推断在实证计量中得到了验证。将a_2N^2,$a_3N * \mathrm{MS}$表示为扣除部分,其运算符号为负。在实证检验中,得到的结果也为负,与理论推断一致。产业结构以及产业结构和劳动力的交叉项结果显著,且产业结构MS估计显著为负,表明第二产业与第三产业比值越小,才越有利于城市产出的增加,与理论分析一致。

表 6-3　成渝城市群最优产出参数估计结果

	模型估计 1	模型估计 2
市场潜力	0.105*** (0.031 5)	0.147*** (0.039 2)
劳均投资	0.353*** (0.036 4)	0.260*** (0.042 8)
技术	0.353*** (0.036 4)	0.260*** (0.042 8)
N(从业人口)	0.001 05* (0.000 609)	0.001 54** (0.000 736)
N^2	$-4.37e-07^*$ (2.46e-07)	$-6.14e-07^{**}$ (2.90e-07)
$N*MS$	-0.000 464 (0.000 207)	-0.000 163 (0.000 281)
MS	-0.414*** (0.145)	-0.699*** (0.184)
MS^2	0.088 5*** (0.029 2)	0.150*** (0.036 8)
城市道路拥有面积		0.058 2 (0.036 6)
城市建成区面积		-0.019 2 (0.059 2)
城市医疗服务		0.090 3** (0.034 3)
常数	10.10*** (0.215)	10.19*** (0.316)
R^2	0.953	0.970
城市数量	16	16

从回归结果中可以发现，市场潜力、资本投入都对城市的净产出产生正向且显著影响。因此，加强城市间和城市外部交流有利于提高城市潜力指数，进而增加产出，而代表技术水平城市普通高等学校教师数量也同样具有显著促进作用，最后，劳动力规模 N 的回归系数为正，而劳动力规模的平方项 N^2 的符号为负，验证了城市净产出与城市规模间存在倒"U"形关系。

6.4.2　城市最优产出规模测算

根据前述的理论分析可以发现，城市产业结构会影响城市最优产出的劳动力规模，通过计量分析中的参数估计值，可以对城市最优产出劳动规模进行估计。根据之前对成渝城市群产业规模的汇总，发现在 2016 年，MS 最小值为 0.81（成都市），MS 最大值为 2.11（内江市），本书将结合产业结构对城市的最优产出进行分析。同样，由于参数估计和产业机构是固定值，人口的规模应该在一定范围内变化，同样设定理论测算最优产出劳动力规模90%为下限，理论值的110%为上限。另外根据2016年城市常住人口和劳动力人口的比值，推断出各城市的劳动力和全年龄段人口的比例，从而推断在保持城市现有人口结构的基础上其城市最优产出人口规模的范围，结果如表6-4所示。

表6-4　城市最优产出规模测算结果　　　　　单位：万人

城市	城市劳动力规模范围		城市最优产出总人口规模范围	
	下限	上限	下限	上限
重庆市	734.5	897.7	1 520.6	1 858.5
成都市	777.8	950.7	1 408.5	1 721.5
绵阳市	594.2	726.2	940.9	1 150.0
乐山市	501.9	613.4	885.1	1 081.8
南充市	549.0	671.0	1 180.1	1 442.3
泸州市	314.5	384.3	534.9	653.8
宜宾市	419.6	512.8	599.2	732.4
自贡市	395.0	482.8	648.2	792.3
德阳市	476.5	582.4	752.2	919.3
遂宁市	469.1	573.3	950.8	1 162.0
内江市	290.5	355.0	616.4	753.4
眉山市	471.5	576.3	744.4	909.9
广安市	487.1	595.4	728.6	890.5
达州市	660.7	807.5	1 113.9	1 361.5
雅安市	466.2	569.8	692.0	845.7
资阳市	388.2	474.5	521.7	637.6

从表6-4中可以发现，在最优产出劳动规模推导中，产业结构比对城市规模产生巨大影响力，在参数固定的情况下，甚至是影响城市规模的决定性因素。根据成渝城市群产业结构比可以推算，同期成渝城市群最优劳

动力规模应该在 290 万~950.7 万人，而相应的城市最优产出总人口规模为534.9 万~1 858.5 万人。在不同的产业结构比下，城市劳动力的最优规模不同。产业结构比越高，表示第二产业相对于第三产业比重越高，其城市最优产出规模越小。相反，如果第三产业比重越高，城市能够容纳的劳动力就越多，这与产业发展规律和城市一般发展路径相契合。在产业发展方面，随着技术的进步和劳动力成本的增加，以工业为主的第二产业生产越来越倾向于机械化、智能化生产，对劳动力的需求也逐渐降低。而以服务业为主的第三产业为以劳动密集型产业为主，需要更多的劳动力来满足产业的发展。

从估计数据可以发现，除了直辖市重庆的实际人口超过了最优产出规模，成都人口在最优产出规模的区间内，其他城市的实际人口规模都未达到城市的最优产出规模。这一方面可能由于数据的限制，将三类（核心城市、区域中心城市和重要节点城市）合并计量，城市间形成同质化假设，因此，不同城市的基准最优规模一致，而产业结构差异成为城市最优产出规模的主要因素，其理论估计值间的相关关系较为固定。另一方面也从一定程度上说明成渝城市群各城市发展存在巨大差异：许多城市生产效率都还有待提高，除了重庆市和成都市外，所有城市的现有城市规模都未达到理论测算的城市最优产出规模。这一方面说明了许多非核心城市还应该进一步提高城市的生产效率，另一方面说明了这些城市都在资源集聚经济发挥作用的时期，随着劳动力规模的扩大，城市的生产效率将提高，在这一时期可以加大对人才的引进，发挥城市规模效应，提高城市产出。针对已经处于或超过理论城市最优规模的城市可以通过转变经济发展方式，进一步提高集聚效率。

但是，如何实现城市效率的提高或是城市规模的优化，也需要考虑资源的可承载力与城市的可持续发展。下一章将在城市规模优化的路径上，考虑城市资源承载力和城市规模的关系，以发展的视角分析成渝城市群城市优化的方向与原则。

7 成渝城市群资源承载力与最优产出规模互动关系

在本书第 5 章讨论了成渝城市群的资源承载力, 即在全国城市平均资源拥有和利用水平的基础上测算成渝城市群内部城市的资源能够承载的人口规模。在第 6 章利用城市产出和城市规模之间倒"U"形关系, 运用计量经济学的方法测算城市群在城市产出最大化下的人口规模。两个分析都关乎城市的人口规模, 但角度不同, 分析的方法不同。两者之间的联系和区别是什么呢? 需要进行进一步讨论。可以发现, 城市资源承载力是从资源约束角度探讨城市发展的基础, 既讨论了城市现阶段发展的边界, 也对当前的资源利用水平进行了评价。城市产出规模则是从效率角度分析城市发展的路径, 即如何通过优化人口的空间集聚, 来提高城市的产出效率。两者相互影响, 共同作用构建城市最优规模形成机制。

7.1 资源承载力对最优产出的影响分析

在一般情况下, 资源承载力是城市发展的基础, 从理论的角度来看, 城市规模应该控制在资源承载力总量范围内进行发展, 如果超出城市资源承载力, 将造成资源过度使用或利用效率低下而导致城市发展的不可持续性。因此, 在以城市资源承载力作为城市发展规模的约束性条件时, 其与城市最优产出规模存在三种情况：第一种情况是城市资源承载力小于最优产出规模，即资源承载力约束线在"波峰"的左侧；第二种情况则是城市资源承载力超过了城市最优产出规模，即资源承载力约束线在"波峰"的右侧；第三种情况是城市资源承载力恰好等于城市最优产出规模，这种情况较为少见。本节将针对前两种情况进行讨论，得到城市资源承载力与城市最优产出规模之间的关系。

7.1.1　约束性条件下城市资源承载力限制城市最优产出规模的情况

当城市资源承载力小于城市最优产出规模，表明城市资源承载力作为约束条件在"波峰"的左侧。假设城市资源承载力是在一定生产方式、生活方式下城市自然—经济—社会资源能够承载的最大人口规模，在短期内城市资源是一个固定不变的值，因此，可以表现为一条垂直于城市规模的直线，如图 7-1 所示。

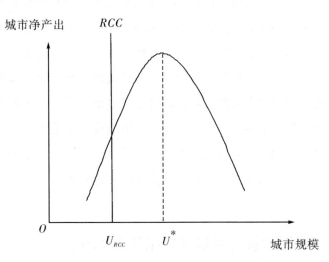

图 7-1　约束性条件下资源承载力与城市最有产出规模的关系

图 7-1 中 RCC 表示城市资源承载力（resource carrying capacity），U_{RCC} 表示资源承载力可承载的人口规模；U^* 表示城市最优产出规模，此时虽然人口实际规模还未达到最优产出规模，但城市资源承载力已经无法支撑城市可持续发展，需要收缩城市规模，达到资源承载力能够承载的规模。而

此时的城市最优规模应该为资源承载力可承载的人口规模，利用 $U_r{}^*$ 表示城市最优城市规模，则可表示为 $U_r{}^* = U_{RCC} < U^*$。

7.1.2 约束性条件下城市资源承载力超出城市最优产出规模的情况

如果城市资源承载力大于城市最优产出规模，即 $U_{RCC} > U^*$。此时，城市资源承载力在倒"U"形城市产出的右侧，此时的城市最优规模的求解问题变为城市最优产出规模的求解问题，如图 7-2 所示。

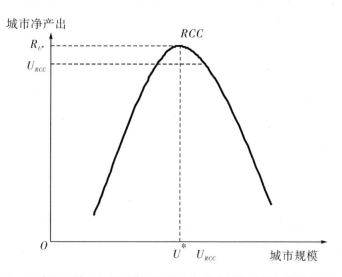

图 7-2 资源承载力充裕时资源承载力与城市最优产出规模的关系

因此，当 $U_{RCC} > U^*$ 时，城市资源承载力对应了一个产出 R_{RCC}，城市最优产出规模对应了一个产出 R_{U*}，但是明显发现 $R_{U*} > R_{RCC}$，所以在产出最大化原则下，城市最优规模为城市最优产出规模，表示为 $U_r{}^* = U^*$。

由此可以发现，当城市资源承载力作为约束条件时，城市资源承载力与城市最优产出规模间的互动关系才能影响城市最优规模。当城市资源承载力大于城市最优产出规模时，城市最优规模为城市最优产出规模；当城市资源承载力小于城市最优产出规模时，城市最优规模为资源承载力可承载的人口规模，简化为一般求解公式，可表示为 $U_r{}^* = \min(U_{RCC}, U^*)$。

7.1.3　表征性条件下城市资源承载力对最优产出的影响

在本书中利用全国均量为标准测算成渝城市群内部城市资源承载力，既是对城市资源承载力总量的量化评估，也是对成渝城市群各城市在全国城市发展中的水平进行了测算。因此，该指标也可成为衡量城市发展在全国城市发展中的相对水平的评价标准，可作为表征性条件影响城市规模的优化。在全国平均水平比较下，特定城市的资源承载力如何？其自然—经济—社会资源系统上存在的短板在哪里？都可以通过系统的、量化的城市资源承载力评价体系来表征。

从总体上讲，如果城市资源承载力高于全国平均水平，其城市资源承载力测算出来的理论人口规模大于城市实际规模，在这种情况下，表示该城市的资源占用与利用水平高于全国平均水平。分两种情况讨论：如果城市实际规模小于理论最优产出规模，说明城市还有进一步扩大规模的空间和动力，则城市应该进一步扩大规模，提高产出；如果城市实际规模大于最优产出规模，说明该城市占据了众多资源但进一步发展潜力有限，可以通过向周边城市开展有针对性资源疏导，实现资源的合理分配，以自身发展带动区域发展，形成强大经济辐射力，从而间接拓宽资源配置空间，提高区域总产出。

如果城市资源承载力低于全国平均水平，可表示为其城市资源承载力测算出来的人口规模小于城市实际规模，在这种情况下，表示该城市的资源占用与利用水平低于全国平均水平。同样分两种情况讨论：如果城市实际规模小于最优产出规模，同样说明城市有进一步扩大规模提高生产效率的动力，但是由于资源限制无法形成可持续发展力，就需要针对资源短板进行有效的补充，从自然资源（资源利用方式）、经济资源和社会资源系统"查漏补缺"；如果城市实际规模大于最优产出规模，说明该城市资源集聚能力和生产效率都十分低下，在这种情况下，这类城市应该积极寻求与其他大型、高水平城市进行合作，通过争取资源并融入其他城市的发展中，获得新的发展机会。

7.2 最优产出规模对城市资源承载力的影响分析

最优产出规模的研究目的是探索通过外部性带来规模效应的变动规律，在城市发展初期，外部性带来的知识外溢、劳动力聚集和专业的供应商将对城市发展带来规模经济效益，这种效应既是要素投入如劳动、资本带来的收益，也是资源配置方式改变带来的效率提高，是一种技术性或是减少交易成本带来的收益。对于相对固定的城市资源承载力，这种收益将提升资源的利用效率，从而间接提高城市"潜在"的资源水平。例如，自然资源较为短缺的北京市，其人均能耗在不到十年时间内减少了一半，假设在能源总量不变、人口总量不变的情况下，其资源能够承载的最大人口规模提高了近一倍。因此，长期来看，随着城市由最初向最优产出规模的实现，技术水平和规模经济效益将带来城市资源承载力的提升。

7.2.1 理论分析

假设城市最初的资源拥有量为 R_0，人均资源占用和利用水平为 a_0，则资源承载力为 $RCC_0 = R_0/a_0$，随着城市规模向最优产出规模发展，城市由于规模经济原因，生产效率提高，资源利用率随之提高，在资源总量固定的情况下，人均可以利用的资源量因为资源效率水平的进步，提高为

$$a_1 = a_0 \times \frac{1}{(1+t)}, \ [t = f(\tilde{U})] \qquad (7-1)$$

其中 $\tilde{U}$ 代表城市实际规模的变动情况，$t = f(\tilde{U})$ 代表资源利用水平是城市规模变化的函数，当城市实际规模小于城市最优产出规模时，t 可以表示为如下函数形式：

$$t = \begin{cases} \eta \times U^{(U^*-U)}, \ if: \ U^* > U \\ -\eta \times U^{(U-U^*)}, \ if: \ U^* < U \end{cases} \qquad (7-2)$$

其中，η 代表资源利用率与城市规模的关系组合，其系数受到许多因素如

技术、产业等影响，但在这里不是本书的研究重点。在此基础上，在资源总量保持不变的情况下，城市资源承载力可以变动为

$$RCC_1 = \begin{cases} RCC_0 \times (1 + \eta \times U^{(U^* - U)}), & if: U^* > U \\ RCC_0 \times (1 - \eta' \times U^{(U - U^*)}), & if: U^* < U \end{cases} \quad (7-3)$$

因此，长期来看，随着城市资源利用水平的提高，在资源水平固定的情况下，城市资源承载力将发生变化：当城市实际规模小于城市最优产出规模时，随着城市规模的增加，城市产出将因为规模效应带来的外部收益而增加，资源利用效率也进一步提高，城市资源承载力将随之增加。但是随着城市实际规模与最优产出规模愈加接近，这种效应将逐渐减少。

7.2.2　现实应用

因此，长期来看，当城市实际规模小于城市最优产出规模理论值时，城市的规模还有继续增长的空间，可以分为两个情况来讨论：一是如果城市资源承载力理论值小于城市实际规模，表明城市资源承载力较弱，因此，在除了与其他城市寻求发展合作外，也可以寻找资源利用的短板，通过专攻技术的革新和特殊行业/产业的集聚，来提高自己的资源承载力，从而提高城市发展能力；如果城市资源承载力大于城市实际规模，在这一阶段就可以不用过多考虑资源的约束，想方设法提高城市规模，加强人口引进，发挥规模效应，资源承载力也会随之提高。

当城市实际规模超过城市最优产出规模理论值时，随着城市规模的增加，城市由于规模过度而带来是边际成本高于边际收益，规模扩张对资源利用效率产生负向影响，其实质是对资源的浪费和消耗增加，从城市资源承载力角度来看，在这一时期，城市资源承载力将随着城市规模的增加而降低，且城市规模增加越大，其资源利用效率越低，城市资源承载力越小。

在此情况下，如果城市资源承载力小于城市实际规模，那城市应该采取缩小城市规模的做法，通过和其他城市合作的方式，引导部分人口流动到其他城市，合理缩小规模，提高资源利用率。如果城市资源承载力>城

市实际规模，虽然短期内不用考虑资源约束，但是长期仍然存在资源承载力降低的风险，需要合理控制城市规模，防止城市进一步扩大。另外，从上一章的分析可以发现，城市产出与城市产业结构关系密切，城市内部也可以通过优化城市产业结构，提高城市最优产出规模水平。

本节通过分析城市资源承载力和城市最优产出规模在城市规模中的作用机制，发现两者之间相互联系，以城市最优产出规模为发展动力，以城市资源承载力为发展边界，共同作用形成城市规模的优化路径。城市资源承载力存在约束性和表征性两大作用，将是城市发展的水平的有力量化手段和标杆。通过比较城市资源承载力标准下的人口规模、最优产出规模和城市实际规模三者之间的关系可以得到城市发展的行动路径。在这一过程中，要注意三者在短期和长期的动态变化：短期内，城市资源承载力难以变动，需要通过城市自身的调整，来提高资源利用效率；长期来看，三者的变化是相互的，可以通过规划和自身发展来改变三者的约束关系，实现城市持续健康发展。

7.3 成渝城市群城市规模评价与优化路径分析

在第 4 章、第 5 章和第 6 章中，本书以城市资源的总量和利用水平的量化为手段，分析了成渝城市群城市发展水平和资源存量基础；以城市最优产出规模的测算分析了城市产出效率与城市规模的关系；以城市资源承载力和城市最优产出之间的互动关系分析了城市规模优化的一般规律。本章将在前 3 章的基础上，结合成渝城市群实际，分析成渝城市群内 16 个城市规模的优化路径，这里将从两个角度进行论述，一是分类分析单个城市的规模优化路径；二是将城市群作为整体，分析其在全国区域发展布局中的规模优化路径。

7.3.1 城市群内城市个体规模评价与优化路径分析

从前期的测算可以发现，在成渝城市群中，城市的资源承载力、城市最优产出规模与城市实际规模都呈现出两极分化的现象。核心城市资源承载力高，城市实际规模达到或超出城市最优产出规模，而区域中心城市和重要节点城市，资源承载力低，且城市实际规模远远小于城市理论最优产出规模。因此，有必要对区域内的城市按照不同级别进行分类讨论。

7.3.1.1　核心城市规模评价与优化路径分析

对于核心城市重庆市和成都市的规模优化路径。核心城市在城市群中居绝对优势地位。重庆市城市资源承载力测算值略高于城市实际规模，在2016 年达到 3 252.6 万人，但其城市最优产出规模却明显低于城市实际规模，说明重庆市的资源总量丰富，但生产效率低于最优产出效率，还有进一步提高的空间。重庆市作为我国四大直辖市之一，地位特殊，重要性突出，且辖区范围大，具有承载更多人口的空间和资源优势。但是，重庆市的产业发展还有待突破，特别是第三产业发展还需进一步促进。在这种情况下，重庆市应该通过两种方式来进行规模优化：一是针对城市实际规模超过最优产出规模的问题，重庆市可以长期对城市规模进行合理控制，注重城市内部效率的提高，革新生产方式、产业优化，降低与城市最优产出规模差距过大带来的成本，提高城市最优产出规模的边界；二是针对资源承载力较高，但城市内部生产成本提高的问题，可以加强与周边区域的经济合作与分工，可以通过向周边城市开展有针对性资源疏导，实现资源的合理分配，以自身发展带动区域发展，形成强大经济辐射力，从而间接拓宽资源配置空间，提高区域总产出效率。

表 7-1 显示，成都市资源总量丰富，城市资源承载力测算值明显高于当年城市实际人口规模 30%，且成都实际人口规模正处于城市最优产出规模的合理区间，城市产出效率高。在短期内，成都的发展态势良好，但是从长期来看，仍有提升的空间，可以从两个角度来促进成都市规模优化：一是加强与周边城市，特别是实际人口规模远小于最优产出规模的城市协同发展，将自己丰裕但边际生产效率较低的资源向周边城市合理引导，提高资源利用效率，并且也能够扩宽资源配置范围，模糊行政区划界限，将城市经济生产空间拓展，为周边城市发挥带动作用；二是由于当前成都市

实际人口规模已经达到目前最优的生产规模，可以通过技术革新，使倒"U"形的曲线整体向上、向右移动，以全要素生产率提高的方式，提高城市生产效率。总体上成都市可以在技术革新和区域合作中适当扩大城市规模。

表7-1　核心城市资源承载与资源利用效率情况　　单位：万人

城市	最优产出规模	资源承载力	实际人口规模
重庆市	1 689.55	3 270.06	3 048.43
成都市	1 565	2 079.12	1 591.76

7.3.1.2　区域中心城市规模评价与优化路径分析

非核心城市，其特点一致，即城市资源承载力明显小于城市实际规模，但又远未达到最优的生产规模。这类城市其发展约束主要来自资源约束，但按照《规划》分类的区域中心城市和重要节点城市在空间中的定位存在差距，虽然其资源情况和资源利用情况类似，但还是需要进行分类分析，首先来看区域中心城市的城市规模优化路径。

从表7-2中可以发现，所有区域中心城市的实际人口规模均介于资源承载力和城市最优产出规模之间。其中，南充市实际人口规模和最优产出规模差距最大，乐山市次之，绵阳市第三，其他城市与最优产出规模差距也较为明显，仅有泸州市和宜宾市实际城市人口与最优产出规模差距较小，这表明非核心城市还有进一步扩大城市规模的需求和动力。在资源承载力方面，所有城市的资源承载力都明显偏小，说明资源承载力短缺成为成渝地区城市发展的主要约束。但作为区域中心城市，在资源利用效率上，具有进一步增加规模的优势，在承载力上具有增强资源水平的需求，在区域定位上需要带动区域发展，因此主要以规模适度，提高资源承载力为主。短期内，在规模上保持稳定，提升自身资源建设，特别是提高自然资源的利用效率和自身经济实力；长期来看，可以适度吸引人口进入，扩大城市规模，但重点是针对资源短缺的版块，进行针对性的资源补充，在提升城市产出效率过程中提升资源承载力，以期达到发展平衡。

表 7-2　区域中心城市资源承载与资源利用效率情况　单位：万人

城市	最优产出规模	资源承载力	实际人口规模
绵阳市	1 045.45	318.55	481.09
乐山市	983.45	248.82	326.5
南充市	1 311.2	324.29	640.22
泸州市	594.35	374.87	430.64
宜宾市	665.8	230.90	451

7.3.1.3　重要节点城市规模评价与优化路径分析

9 座重要节点城市，城市分布特点突出，以围绕核心城市分布和在城市群边缘分布为主要空间形态，是城市群内部城市，城市群和外部城市之间往来的重要节点。其城市资源承载水平较弱，但是城市实际规模也远未达到理论最优产出规模，需要根据其区位特点，实行差别化的规模优化措施。

从表 7-3 中可以发现，9 个重要节点城市的城市实际规模都远远低于其最优产出规模的理论测算值，又明显高于其资源承载力的理论测算值，这与区域中心城市结果类似，但是总体上看，这类城市的实际城市规模与理论承载力的差异较小，表明其城市发展的资源约束相较于区域中心城市更小，但约束力依然明显。重要节点城市可以从两个方面获得城市资源承载力的提高。一是从外部获得短板资源。通过与其他城市，特别是与核心城市的互动，争取区内和区外资源在城市内的布局，提高资源承载力，从而获得城市发展要素。二是从内部提高短板资源的承载力，找出城市资源承载力短板，分析其短缺因素和涉及的相关产业，通过专攻技术的革新和特殊行业/产业的集聚，来提高自己的资源承载力，从而提高城市发展能力。总体来看，这类城市城市规模可以保持稳定，努力提升短板资源集聚能力，同时注意与其他城市的资源协作。

表 7-3　重要节点城市资源承载与资源利用效率情况　　单位：万人

城市	最优产出规模	城市资源承载力	实际人口规模
自贡市	720.25	218.20	278.08
德阳市	835.75	243.21	351.97
遂宁市	1 056.4	283.88	329.8
内江市	684.9	204.88	374.66
眉山市	827.15	223.51	300.09
广安市	809.55	185.08	326.47
达州市	1 237.7	255.87	559.77
雅安市	768.85	100.07	153.97
资阳市	579.65	165.15	254.05

7.3.2　城市群总体规模评价与优化路径分析

就城市群总体而言，2016 年城市群人口总规模接近 9 900 万人[1]，但是其资源承载力测算结果不足 8 800 万人，城市资源承载力明显小于城市群实际人口规模，说明城市群总体在全国资源均量标准下衡量的资源总量和资源利用水平偏低，作为全国四大城市群之一，其资源承载力水平还有待提高。就最优产出规模标准来看，虽然成都和重庆的实际人口规模都达到甚至超过了城市最优产出规模，但是从总体上看城市群实际人口规模还远小于城市群最优产出规模，城市群具有进一步发展的动力。在此背景下，城市群作为区域发展的主体，也是未来参与全球竞争的主体，有进一步扩大规模的动力要求，在破除资源的约束条件下，实现城市群的做大做强。

这一过程同样存在内部、外部两条路径。在城市群内部，一是可以通过个体城市自身发展提高资源承载力，如通过创新提高资源利用效率，或者通过扩展新的产业形式（数字经济、新经济发展等），增加非传统要素

---

[1]　该数据是以重庆市与15个四川省内城市的常住人口为统计依据，为了便于统计，未剔除部分未进入《规划》的区县。本书认为虽然部分区县未纳入《规划》，但是仍然受到城市群发展影响，在空间上可以算作城市群整体，且这部分区县数据对城市群城市整体数据影响不大。

的使用，此类新发展模式对传统资源的需求大大降低，可以缓解资源承载约束，也能够集聚新的经济要素，这一类议题将在下一章"成渝城市群规模优化路径选择及城市群发展展望"进行专题讨论。二是可以通过资源协同，降低资源分布不均带来的资源效率的损失，鼓励核心城市将部分资源向非核心城市引导，或是通过经济合作的形式提升资源利用率，增强资源承载力。

对外需要进一步吸引和集聚核心资源，如人才、资金、技术等，提升城市群资源承载力，同时加强与其他区域的合作，特别是加强与沿海发达城市及城市群，乃至世界发达城市和城市群合作，争取资源向成渝地区的布局。另外，成渝城市群作为内陆城市群，需要加强与周边城市的合作，打通资源流动瓶颈，引导资源顺利流入、合理流动。

如核心城市与非核心城市的空间规模优化问题。成渝城市群呈现的两极分化问题，要求成都市与重庆市两大核心城市加强与其他城市的资源联系，将核心城市的资源优势与非核心城市规模发展需求相结合，实现区域空间优化。成都市和重庆市要不断增强自身优势，成为资源从城市群外向城市群内流动的"拉动引擎"，重庆市人口已经超过城市最优产出规模，因此重庆市的人口规模可适当控制，但其城市产出需要通过技术革新和周边带动突破发展局限。成都市可以适度增加城市规模，通过技术创新提高资源产出效率，通过产业结构等变动，进一步提升城市最优产出规模边界。两大核心城市再对外争取资源，并有意识地在城市群内进行配置。

5大区域中心城市主要集中在双核城市两翼，这些城市一方面可以与区域内城市加强联系，另一方面也可以成为城市群中的重要支撑，南充市和绵阳市地处城市群北部边缘，承担着四川省其他地区如阿坝藏族羌族自治州、广元市和巴中市等地区的发展带动作用，可以吸引这些城市的部分资源和人口流入，适度扩大人口规模和资源承载力，也能通过规模扩大，城市产出和规模收益的扩大，引导其他城市稳定发展。泸州市和宜宾市位于成渝城市群南翼，与贵州省、云南省接壤，可适度增加城市规模，提升城市产出效率和资源承载力。这一方面可以加强与城市群内部城市的合作，利用交通和区位优势，成为承载城市群内外资源流动的中转站和集聚点；另一方面，可以适度争取邻近省市资源向群内流动，形成资源集聚点和流动通道。

9个重要节点城市中5个城市围绕成都市分布，分别是雅安市、德阳市、遂宁市、眉山市和资阳市，其余城市则是分布于成渝城市群重要节点处。雅安市与甘孜藏族自治州和凉山彝族自治州接壤，是这些市州与成渝城市群交流的重要节点。内江市和自贡市位于成渝核心轴上，其中自贡市是连接核心城市到南部区域中心城市宜宾市和泸州市的重要节点。广安市和达州市位于城市群北部，其中达州深入到川东北地带，是拉动川东北地区发展的重要力量。重要节点城市的发展因为其区域分布和定位的不同，发展路径也不同，围绕核心城市的重要节点城市需要加强与核心城市的交流，其城市规模变化较为灵活，保持在稳定或适度较小的发展通道，一方面与核心城市之间加强资源流动，提高资源承载力，也可以通过引导人口合理流动，降低资源承载压力，同时实现城市功能分工；另一方面也可以加强与非区内城市接壤的城市，如雅安市、达州市等城市的合作，在此既要吸引区外资源向区内集聚，也要发挥城市群带动作用，引领省内其他城市共同发展，这类城市可能会经历城市规模先增加后减少的规律，在初期，将大力吸引城市群外，但相邻城市的资源、人口进入，随着城市群之间的协同合作，群内资源将进一步流动，非核心城市的资源和人口会向核心城市或城市群外热点城市转移、集聚。内江市、自贡市等城市一方面可以与其他城市加强联系，如自贡市与泸州市和宜宾市同样地处四川西南部，地理位置相近，形成发展三角，加强三者协同发展能力；另一方面，可以作为群内资源流动的枢纽城市，通过发挥差异化的城市作用，错位发展，在保持城市规模基础上，提高城市自身资源利用效率和资源总量水平。

8 成渝城市群治理特殊性与国内外城市群优化经验

成渝城市群的发展被党中央寄予厚望,但目前其发展水平依然有待提高,与其他三大城市群(长三角城市群、珠三角城市群和京津冀城市群)还有较大差距。城市资源承载力偏低,城市之间发展差异大,两极分化严重,未形成城市群发展合力。本章将对成渝城市群发展限制因素进行分析,并结合国内外典型城市群(城市)发展经验和教训,为成渝城市群提供有益借鉴。

8.1 成渝城市群发展限制因素分析

成渝城市群地处我国西部内陆,区位条件较弱,地理环境复杂,资源总量相对较少。再加上城市之间由于行政区划的限制,长期以来竞争强于合作,使得城市群发展缺乏统一规划,合力不足。与东部沿海城市群差异较大,城市群发展水平亟待提高。结合成渝城市群发展实际,本书认为有以下因素对成渝城市群发展造成重要影响。

8.1.1 城市群区位条件差异

成渝城市群地处西部腹地,与其他三大城市群存在明显差异。成渝城市群虽地处长江中上游地区，紧邻长江黄金水道，区域多以高山、丘陵为主，仅成都市平原较为平坦，但区位优势不明显。核心城市成都位于盆地中央，但自古就有"蜀道难"的说法，虽然随着基础设施建设的增强，交通运输对地区限制减少，但仍无法消除地理位置带来的运输和经济交流的高成本问题。重庆市又别名"山城"，辖区内以山地为主要地理地貌，丘陵占到五分之一，地势平坦的区域不到五十分之一。地理环境增加了城市建设的成本，虽然对直辖市有政策倾斜，但是其地理和气候条件也成为城市发展的重要影响因素，如重庆市被评为"火炉"，对人才吸引产生消极影响。城市群内其他地区也存在此类困境如达州市与重庆市相近，主要是以高山为主，丘陵为辅，平坦地带仅占全市辖区面积的1%左右。另外，区域中心城市南充市地貌类型也是以丘陵为主，城市建设成本较高。总体来看，除了少数城市以外，城市群内大多是城市都以高山，丘陵为主，交通条件较差，城市建设成本高，增加与外界经济交流成本。

8.1.2 资源承载力水平低

成渝城市群虽然地处西部，地广人稀，自然资源虽然丰富，但是自然条件较为恶劣，经济发展水平低，资源利用效率低，使得其理论城市资源承载力较低。再加上成渝城市群地处长江上游重要生态屏障区，生态保护任务较重，对资源的开发也受到较大限制。而从人均水平来看，成渝城市群集聚了近亿人口，人口虽然密集，但人均资源占有率低于全国平均水平，特别是经济与社会资源，与东部地区相比存在巨大差距。自然资源上也因为自然条件、地理环境的限制而在开发利用上受到限制。总体来看，成渝城市群的资源承载力从规模和人均来看，都处于低位，还有较大提升空间。

8.1.3 行政分割与市场竞争

我国长久以来受到分地而治的思想影响，许多学者对地区间市场分割情况严重等问题进行了深入的研究，行政区划下地方政府财权、事权与地区经济发展密切相关，而政府为了自身政绩也希望在区域发展中占得先机，导致我国区域行政分割严重，地区间对外相互竞争，对内相互排斥，难以形成区域间的有效沟通，难以形成有效区域合作，更无法形成协调的区域城市体系。其结果是城市群的发展往往陷入空间上的聚集，资源上的竞争，地方政府在"晋升竞标赛"的激励下（周黎安，2004；2007），纷纷采取各种方式吸引投资，虽促进经济增长，但也造成了地方政府的过度竞争，导致区域效率损失（李长青 等，2018）。这使得近年来我国城市规模分布出现集中化趋势，城市规模失衡问题严重（孙斌栋 等，2019）。成渝城市群当前的情况在于核心城市资源过于集中，城市规模已经达到最优产出规模或接近最优产出规模，而周边城市却规模较小，远未达到最优的城市规模，有进一步发展的动力。在全国范围来看，成都市和重庆市与广州市、上海市等城市相比，其发展实力还有进一步提高的动力，这就导致了其下各级城市都有发展的动力，带来了竞争的加剧。

8.1.4 城乡二元体制

城市发展需要土地作为空间扩展要素，需要人口作为经济增长集聚动力，但是由于历史原因，我国长期以来实行的以二元土地制度和二元人口制度为代表的城乡二元体制，对城市发展造成一定影响，在城乡分制的影响下，土地市场处于城乡分割状态。在城市化进程中，只能通过政府征收农用地的方式，将农业用地转变为城市的建设用地，这一过程导致土地增值收益在城乡之间分配严重不公，政府通过土地溢价获取土地出让收益，失地农民却难以得到应有的补偿。

城市土地的高溢价与农村土地的非正规交易形成鲜明对比，并使得城市有更多的资金和资源进行市政建设和生活配套设施建设，而农村地区却经济发展水平落后，资金短缺，难以获得同等的社会服务设施，使得城乡差距扩大，呈现出此消彼长的态势。城市的发展离不开与农村的商品交换和要素交换，农村基础薄弱对城市发展也存在负面影响。

与国外自由的人口流动不同，我国二元户籍制度的实施严重限制了人口的自由流动。近年来随着户籍制度改革的不断深入，人口流动限制也逐渐减弱，但二元户籍制度仍然是影响我国人口流动和城市发展的重要影响因素。其影响主要表现在两个方面，一是城乡转换的困难。农业户籍与非农户籍之间的差别，除了表现在人口的身份差别外，不同户籍类型背后还捆绑着不同的权利，如农业户口代表了农村土地使用的权利，而非农户口则代表了享受城市便利医疗服务、教育资源、社会保障等福利。因此，户籍所代表的人口福利的差别将限制人口流动以及农业人口向非农人口转变。二是区域流动的困难。户籍制度是为了实施属地管理的一种措施，因此不同区域户籍所代表的权利和义务不同，这就使得一些地区的户籍有更高"含金量"而另一些地区户籍"含金量"较低，一些地区户籍人口能享受到更好的就业、教育、医疗、社保等权利，而非本地户籍的流动人口则无法享受到这一系列权利，使得城市间公共服务和社会保障不均等现象突出，严重影响城乡和谐发展。四川是农业大省，农业人口众多，重庆市是"大农村"＋"大城市"的发展形态，城乡发展问题在成渝地区尤其重要且任务繁重。

8.2 国外典型城市群（城市）发展经验借鉴

基于以上因素，成渝城市群发展存在一定困难，但是随着国家社会经济发展体制的完善，以及对成渝城市群发展的高度重视，成渝城市群发展一定要以改革先锋、发展先锋、示范先锋为自我定位，释放改革活力，提升城市群和城市发展活力。在这一过程中，中国可以借鉴国外先进城市群（城市）发展经验，提升成渝城市群发展水平，优化城市群内外部规模。在《2010 中国城市群发展报告》[①] 中，列出六大世界级城市群，其中将日本三大都市圈，即东京都市圈、大阪都市圈和名古屋都市圈集合为日本太平洋沿岸城市群列为世界级的城市群，本书认为日本虽然以都市圈为发展

---

① 方创琳，等. 2010 中国城市群发展报告 [M]. 北京：科学出版社，2011.

形态，且都市圈和城市群虽然概念上有差异，但是其空间上却是重合的，如成渝双城经济圈建设也是在以成渝城市群为基本框架下的经济发展构想，因此本书认为由多个（3个以上）大城市为构成单元的城市联合体可以成为城市群，因此，部分都市圈也纳入了城市群经验借鉴范畴。

8.2.1 日本东京都市圈发展经验

日本地小人多、资源匮乏，二战以后，日本"白手起家"，在经济快速发展的同时也逐步形成了三大都市圈，其中日本东京都市圈也称为首都圈，是世界上人口密度最大、产出最高的地区之一，是世界级都市圈。东京都市圈虽然被称为都市圈，但其基本空间框架是以日本首都东京都为核心的一都七县组成的城市群。东京在半径100千米的都市圈中，汇聚了接近五千万的人口，但其辖区面积还不足重庆市辖区面积的一半，但城市群集聚的人口却占到日本总人口的三分之一。东京都市圈自然资源匮乏，除东京都外，地形以山地为主，与成渝城市群情况相似，因此，东京都都市圈的发展经验值得借鉴，本书认为东京都市圈在政府—市场共同作用下形成了以下发展路径。

8.2.1.1 国家统一规划助力城市协同

首先，东京都市圈虽然涉及八个地区，但其发展规划确实统一的。首先在整体上，日本政府通过立法的方式对城市发展特别是土地资源进行了有效的管理和规划，早在1968年就颁布了《新城市规划法》，六年之后又制定了《国土利用计划法》，随着经济发展又先后推出了《紧急土地对策要纲》《综合土地对策要纲》和《综合土地政策推进要纲》等法案，为土地资源的利用规范化，法制化和在全国范围内整合和利用资源奠定了基础。

其次，在城市群发展中，其发展规划和规划的实施都是统一和规范的，早在1956年就颁布了《都市圈建设法》，从法制高度制定了都市圈的发展方向。在行政管辖上，中央政府直接对首都圈展开统一规划，且其颁布的政策和规划都能有效的实施到整个都市圈范围，降低了行政分割对城市群协同发展的影响。

最后，在规划汇总加强了城市间的协调，在 2017 年发布的东京都规划中，提出建设"安全之城、多彩之城、智慧之城"，并在城市职能上与其他城市进行了分工，将原本汇聚在核心城市的多项中心职能规划向其他地区进行分工和协调。各城市间错位发展，如埼玉县主要发展机械工业与旅游产业，千叶县主要发展石油化工、钢铁等重化工业，神奈川县主要发展港口和机械、电子等产业。城市之间形成区别又相联系的城市产业发展体系。

8.2.1.2 科技创新实现发展突破

日本地少人多，资源稀缺，其产业发展也是以高、精、尖的高科技、高附加值产业为主，城市群内部尤其注重科技创新发展。在东京地价一路飙升的情况下，日本依靠《首都圈建成区内工业等设施控制法》《首都圈城市开发地区整治法》及《商务流通城市整治法》等强制性的国家法规，对部分东京都功能向周边城市转移，并加快了周边各具特色的卫星城市建设，高度统筹布局东京周边本土企业及科研院所等创新资源，形成以东京、多摩、筑波学园城等城市高度联系，科技、教育资源联动的创新型城市群。其中筑波面积仅 284 平方千米，却集中了数十个高级研究机构和两所大学，其人口也主要以科学技术人才为特色。通过发达的交通网络为基础，缩短各城市的通勤时间，形成产业、人口、创新连接紧密的城市群体系。使东京从过去的"一极集中"向城市群功能分工和系统发展的"多点多极"转变，实现了城市间从产业、功能在城市群内的分工，并在世界范围内产生了主要影响力。

8.2.2 美国旧金山—圣何塞城市群发展经验

如果说日本东京都市圈是以规划和分工获得发展优势，那顺应社会发展要求，引领时代发展方向的大硅谷城市群则完成了从无到有、从有到优的发展路程。大硅谷城市群，是以著名的硅谷为中心围绕美国西部沿海城市旧金山到圣何塞为核心的城市发展集群。在顶级的科研机构和大专院校，如 NASA 基地和斯坦福大学等机构协同发展下，硅谷成为世界科技创新的中心，并以硅谷为核心，形成了一个以高新技术创新为核心的区域经济增长极，成为世界最具发展潜力的城市群。据统计，全美接近一半的风险投资汇聚在这里，并吸引了超过全球 10% 的投资规模，但值得注意的是，其人口规模却相对较小，表明该地区的人均产出较高。该地区以新技术发展为引领，新经济要素不断投入，成为高新技术产业集聚的成功典范。

8.2.2.1　以新技术为代表的硅谷崛起

随着全球产业发展更新，城市群的发展与城市的产业选择息息相关，以金融（纽约）、电子技术（波士顿）、工业（费城）和钢铁（巴尔的摩）等大城市为主体的美国东北部大西洋沿岸城市群，是美国发育最早、发展水平最成熟的城市群。随着信息技术产业在世界经济中扮演越来越重要的角色，科学技术创新在产业发展和区域崛起中扮演越来越重要的角色，大硅谷地区则是在此背景下，成为崛起最为迅速、发展最快和潜力最大的世界级城市群。

8.2.2.2　以新技术为支撑，多要素集聚的空间发展模式

大硅谷城市群的成功离不开大学、企业、政府三方通力合作所营造的可持续、国际化的创新生态。一是依托斯坦福、州立大学圣荷塞分校等世界一流高校持续不断为企业输送高端人才和最新知识成果，与产业界保持密切合作。二是拥有 Facebook、Alphabet、Apple、Intel 等"引擎"企业联合中小企业、初创企业和各类中介机构通过物质流、信息流、技术流形成竞争和合作共存的创新网络。三是加州政府为大硅谷提供了适合城市群一体化发展的政策支撑和制度保障，如政府采购、人才计划、科技基础设施建设等，对促进大硅谷的创新发展起到了至关重要的作用。

9 成渝城市群规模优化路径选择及城市群发展展望

为了助力成渝城市群向国家级主要城市群乃至世界级城市群的目标迈进，发挥城市增长动力优势，补齐资源短板劣势，本书基于地区资源承载力和城市最优测算相结合，认为当前优化城市群规模的路径主要有两条：一是优化资源配置方式，短期内，通过城市协作，加强资源流动，相互取长补短，将部分城市相对充裕的资源向相对稀缺的城市流动，提高资源利用率；长期来看，通过生产技术革新，提高城市资源利用效率，增加资源承载力。二是增加城市群资源总量，通过新产业的选择和发展，以新的资源要素投入替代传统资源要素投入，增强资源承载力；也可以通过吸引群外资源流入城市群内部，提高城市群总体资源总量。鉴于此，本书认为可以通过政府和市场共同作用，从优化城市群管理和创新城市群产业发展两个角度实现城市群规模优化和可持续发展目标。

9.1 科学评估城市（群）发展基础，加强城市协同，提高资源配置力

9.1.1 合理评估城市群资源承载和利用情况，对城市发展短板进行科学诊断

在以往的成渝城市群发展评估中，仅从总体对城市群各城市的发展差异进行分析，但并未从资源角度，对城市之间的差异进行系统的量化的评估。这导致虽然也不断提出加强城市间的合作沟通，但是如何合作，从哪些方面进行合作并不十分明了，通过对成渝城市群的城市资源承载力和资源利用效率进行测算后，发现城市群发展的基本约束是资源集聚力不足，城市群资源承载力总体偏低，且城市之间差异不同，有些城市是自然资源利用水平低，有些城市经济资源集聚能力低，通过对城市差异化的量化分析，可以找到不同城市的发展短板，并进行有针对性的弥补。

本书对城市发展动力进行了评估，通过实际规模与城市最优产出规模的对比，可以找到城市发展的差距，也间接可以评估城市发展的动力大小，与最优产出规模相差越大的城市，其发展动力应该越大。通过评估发现，城市群总体具有进一步发展的活力，且非核心城市都有进一步增长的动力。将两者结合，则可以对城市群发展进行诊断：城市内部两极分化严重，资源分布不均，各城市发展水平不同，具体表现为核心城市发展动力趋紧，但城市资源承载力优势明显；非核心城市资源承载力较弱，但城市发展动力十足。因此可以这两类城市不同的发展短板开展针对性的发展措施，提高城市发展能力。

由于数据可得性限制，本书利用的资源总量偏少，采取的评估方法较为单一，只是对城市群及内部城市的总体情况进行评估，在未来通过数据搜集和方法的更新，还可以更加全面，系统地掌握城市的详细情况，制定更加合理、细致的发展方案。不可否认，通过资源总量和利用效率的评

估，可以将城市问题转化为总量问题和行动问题两类，总量问题通过总量增加和优化配置来解决；行动问题则可以通过总体方向调整和具体行动调整来实现。将总量问题和行动问题相结合，则可实现城市、城市群的健康发展。

9.1.2 统一规划、加强协调，提高资源配置效率

近几年虽然加强了成渝城市群之间的合作，但合作都是局部的，如成都与重庆、泸州、内江、荣昌和永川等的合作。即使涉及四川和重庆的合作，合作内容也较为单一，如经济合作、交通设施建设合作等，未对成渝城市群总体行动方案形成整体性和全局性的合作。2016年出台的《成渝城市群发展规划》，也未对城市之间的协作方式进行明确，更未对其整体发展提供统一遵循的依据。借鉴日本东京都市圈的发展经验，其发展规划是直接由国家统一制定和实施，其相关政策在全域范围内都能得到有效的贯彻，增强城市之间的分工和产业互补。成渝城市群除了发展构想外，发展行动也应该在更高行政层级进行统一规划和指挥，或是通过城市之间协商合作的方式，形成系统的、集城市群职能、产业、资源、城市管理、城市建设等为一体的协同发展机制。核心城市富余的资源可以适当向其他城市转移，部分产业职能也可以向周边城市转移，提高资源利用率；非核心城市也可以积极融入核心城市发展布局，形成分工有序、效率提升、交流便利的城市群发展体系。

9.1.3 提高城市协同力，增强城市群整体竞争力

解决城市群资源承载力短缺的问题，除了提高内部资源协同能力，将资源从边际生产率低的地方向边际生产率高的地方流动外，更重要的是提高城市群总体竞争力，将区外资源向群内吸引。成渝城市群深处西南腹地，连接云南省、贵州省、陕西省和西藏自治区等西部省份，湖南省、湖北省等中部省份。根据其他国家城市群发展经验，在一个区域中会出现一个代表性的城市群，将会成为区域发展的引擎，带动周边地区发展，其他

三大城市群如长三角、珠三角和京津冀城市群都位于东部地区。成渝城市群以第四大国家级城市群为定位，将会成为西部地区最重要的区域增长集合，可以以成都和重庆超强的经济吸引力和辐射力为依托，形成资源协同发展城市群，吸引周边地区资源向城市群集聚，同样也可以与区外其他地区合作，打通资源流动通道，共同规划资源利用方向和地区，减少城市间不必要的资源竞争。

9.2　创新资源要素投入，大力发展数字经济

除了对传统资源要素优化配置和提升总量外，还可以通过新的产业发展选择，创新资源要素投入，改变对传统资源要素如土地、水资源、能源等的依赖，增加数字资源、信息资源等新兴资源需求，既能缓解城市群资源承载力短缺的问题，也能升级产业发展结构，提升经济水平发展方式，实现城市群的跨越式发展。在信息技术快速发展的今天，数字经济发展成为成渝城市群实现高质量发展的重要产业选择，本书将以成都数字经济产业发展选择为例，分析成渝城市群数字经济发展的内外部环境和发展模式选择。

9.2.1　数字经济在未来产业布局中的重要性分析

数字经济发展潜力巨大，目前我国正积极开展数字经济的建设和投资活动，将数字经济融入我国产业结构转型升级大背景下，促进数字产业化、产业数字化、数字化治理发展，向数字化大国迈进。如图9-1所示，国家先后出台了多项政策，颁布了多项措施，将"大数据"上升为国家战略，将数字经济发展作为国家目标。

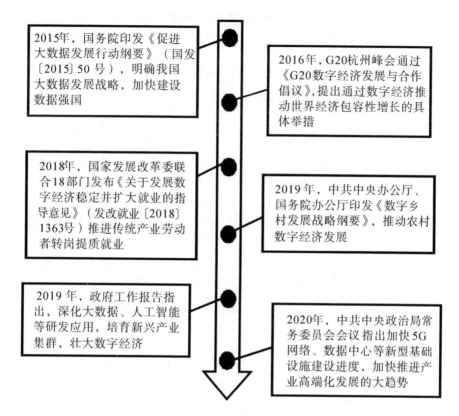

2015年，国务院印发《促进大数据发展行动纲要》（国发〔2015〕50号），明确我国大数据发展战略，加快建设数据强国

2016年，G20杭州峰会通过《G20数字经济发展与合作倡议》，提出通过数字经济推动世界经济包容性增长的具体举措

2018年，国家发展改革委联合18部门发布《关于发展数字经济稳定并扩大就业的指导意见》（发改就业〔2018〕1363号）推进传统产业劳动者转岗提质就业

2019年，中共中央办公厅、国务院办公厅印发《数字乡村发展战略纲要》，推动农村数字经济发展

2019年，政府工作报告指出，深化大数据、人工智能等研发应用，培育新兴产业集群，壮大数字经济

2020年，中共中央政治局常务委员会会议指出加快5G网络、数据中心等新型基础设施建设进度，加快推进产业高端化发展的大趋势

图 9-1　数字经济相关政策发布历程

9.2.2 数字经济发展背景

世界经济发展至今主要经历了五次技术革命，每次技术革命无不经历着剧烈动荡和较大的发展机遇。每次技术革命主要由当时创新型、革命性技术引起，同时诞生新的技术—经济范式，经济生产方式亦面临着革命性变化。技术革命中掌握新的核心要素的国家或地区必然在下一次技术革命到来之前受益较大，引领全球经济发展。五次技术革命及其对应的"技术—经济范式"如表9-1所示。

表 9-1　五次技术革命及其对应"技术—经济范式"

次序	关键技术	核心要素	技术—经济范式
第一次	冶金、纺织	熟铁、机器	机器生产、工厂出现、分工协作
第二次	蒸汽机、铁路	煤炭、运输	蒸汽机动力、铁路运输、公司化运作
第三次	新材料、电力	钢铁、电力	标准化、批量生产；企业研发实验室；垄断公司出现；银行和金融资本聚集
第四次	采掘技术、汽车及流水线生产	石油、汽车和大规模生产	流水线、装配线、零部件标准化、跨国公司和纵向一体化出现
第五次	信息通信技术（一）	芯片、软件	柔性制造、电子控制系统、企业组织结构网络化、产业集聚、经济全球化进一步加深
	信息通信技术（二）	数字化信息	分布式、网络化、智能化、集成化、产业融合、跨界融合、线上线下融合、大规模低成本个性化定制

资料来源：中国信息通信研究院，《2016 年中国信息经济发展白皮书》。

采掘技术、汽车、流水线生产等近现代技术引导的第四次技术革命，促进了近现代工业规模化发展，原材料和能源价格下降，降低了企业生产成本，培育了大批跨国公司。但同时产生了规模经济问题，能源材料消耗强度骤增，环境污染、资源浪费等问题日趋严重。

1971 年，英特尔在圣克拉拉宣告微处理器问世，标志着以芯片、软件为核心技术的第五次技术革命，由此产生的电子控制系统、企业组织结构网格化、产业集聚等技术—经济范式解决了第四次技术革命所带来的后遗症。该时期，以英特尔、微软、IBM 为代表的美国公司掌握了众多芯片、软件专利，在近 50 年的全球经济竞争中名列前茅。该时期属于数字经济 1.0 时代，其核心是 IT 化。

近年来，以云计算、互联网、智能终端等作为基础设施，以"数据"作为核心要素的数字经济 2.0 时代开始蓬勃发展。其核心产品和服务包括人类的行动通过数据的形式进行组合、挖掘与应用，实现万物互联，通过互联网将各种资源进行组织，对全球达到经济发展模式、贸易模式、政府管理模式的革新，小到企业组织的管理，个人行为的选择都产生深刻的营销，对世界经济、社会形态产生深远影响。在该时期，以腾讯、阿里巴巴、百度为代表的中国公司急速扩张，并推动了大数据、物联网、人工智能、区块链、虚拟现实、共享经济等数字经济新趋势的发展。我国数字经济发展卓有成效，但在全球发展中还属于起步阶段，发展潜力巨大。

9.2.3 数字经济资源要素投入特征分析

在对成渝城市群的分析中可以发现，城市群资源承载力主要是对传统资源水平和利用的测算，但从历史的角度可以发现，城市的资源总量甚至资源种类都在不断变化，纵观全球经济和社会变革历史，每一次的经济变革都带来的新的资源要素的利用，进而改变一个地区、一个国家甚至全球的经济发展形态。在农耕时代，土地和劳动力成为最重要的生产要素，而气候、阳光、自然条件成为影响社会稳定性的重要变量。在工业革命以后，资本成为最重要的生产要素，机器的使用大量节约了人力和土地，使人从自然的约束中逐渐解放出来，在数字经济时代，数据将作为新的关键生产要素。当今社会产业技术的发展导致信息生产能力提升，数据贯穿经济生产全过程，增长迅猛，在社会经济中的地位也越来越突出。掌握与分析数据的能力将在很大程度上决定经济产出的分配比例。同时，数据具备易共享、可复制等独特优势，相较于资本和土地等生产要素，数字资源具有无限性和可再生性，能够不排他分享给不同经济对象，带来生产函数的改变，因此数字资源成为数字经济时代新的关键生产要素，见表9-2。

表9-2 经济形态及其对应的生产要素

经济形态	生产函数	生产要素
农业经济	$Y = F_1(A_1, L, T)$	A_1:农业经济水平下的技术进步 L:劳动 T:土地
工业经济	$Y = F_2(A_2, K, L, T)$	A_2:工业经济水平下的技术进步 K:资本 L:劳动 T:土地

表9-2(续)

经济形态	生产函数	生产要素
数字经济	$Y=F_3(A_3,D,K,L,T)$	A_3:数字经济水平下的技术进步 D:数据 K:资本 L:劳动 T:土地

资料来源:中国信息通信研究院,《中国数字经济发展白皮书(2017年)》。

从在表9-2中可以发现,生产函数中 F 主要由经济生产活动中的组织形态、政府管理模式构成。工业经济时代规模经济和机械生产技术的进步导致产生大量的一体化组织,垄断企业在全球化竞争中占据主要地位,行业较为集中,同时政府在经济全球化过程中大多奉行贸易保护主义,在全球竞争中不具有比较优势的企业较难得到发展。数字经济时代因数据的易产生、易交易特征导致企业生产成本降低,产业布局更为分散,单个企业无法胜任产业链中的所有工作,产业集群、产业生态链得到高速发展,产业组织从寡头、垄断竞争向更加充分的竞争过渡。由此形成的 F_3 相较于 F_2 对各生产要素的利用率更高,产业成本更低,由此产生的产出也更多。

D 即数据,与资本、劳动、土地等共同构成经济体中重要的生产要素,在数字经济时代渗透进人类生产生活的方方面面。信息技术的高速发展促进数据爆发,数据成为沟通各产业链融合的桥梁,同时也促进各产业链转型升级。在生产函数中,数据的地位愈加重要。一方面,数据是信息通信产业的重要产物,能有效反映信息通信产业的发展;另一方面,数字技术与三大产业的融合依靠数据进行,数据的拥有量能详细反映产业数字化程度。

相较于数据,资本、劳动、土地等在生产函数中的占比降低。工业经济时代,资本和劳动在很大程度上决定了生产水平,而在数字经济时代,数字技术的进步提高了各生产的利用率。在单位产出水平下,资本的需求量降低,但同时由于发展数字技术对经济实力、技术实力、人才储备等的要求较高,初期发展数字经济需要的资本总量较大。生产效率的提升也降低了对劳动总量的需求,此外,数字经济对普通技能型劳动力的需求量减少，而对高技术劳动力的需求增加。

9.3.4　成渝城市群数字经济发展路径分析

数字经济的发展，将有效改善对传统资源的依赖，形成新的资源要素投入组合，不仅能够提高资源生产效率，还可以形成新的产业，引领地区发展。在此过程中，成渝城市群应该依靠成都和重庆较为雄厚的信息技术基础和科技创新优势，大力发展数字经济，实现西部城市群跨越式发展。

9.3.4.1　重视数字经济国际化发展趋势

数字经济是当前国际经济发展一大趋势，世界主要国家也纷纷出台相应的规章制度发展数字经济，落实具体行业、企业行为，成都、重庆等地也出台了关于发展数字经济的指导性文件。但是，数字经济并不是单一经济主体的单一经济行为，数字经济是全球范围内全产业链条间的交流与合作，其必然存在国际贸易关系。因此，应充分认识数字经济的国际化属性，顺应数字经济国际化趋势做成相应的完善措施。

9.3.4.2　加强数字经济发展行动方案制定

目前，城市群核心城市成都深入推进数字经济建设，已经具有相应的指导规划与发展方案，但针对数字经济国际化发展中存在的部分问题以及国际化发展方向并没有明确的行动方案。因此，应加快完善数字经济国际化发展规则体系，保障成都市数字经济在国际舞台上有序发展。数字经济国际化发展过程中的规章制度建设不仅要包含对数字经济相关产业的保护，也要对知识产权破坏、洗钱等行为进行遏止。

例如，浙江省在《浙江省数字经济促进条例》征求意见稿中，明确将数字经济交流合作列为数字经济若干重点领域之一，详细阐述了浙江省如何产于全球数字经济治理体系、加强数字经济国际合作等。

9.3.4.3　完善数字基础产业建设

数字基础产业是数字经济发展的根基，是数字经济国际化发展必不可少的条件。数字经济的发展需要更快的网速、更宽的带宽以及更高效的信息处理设备，这些就需要成都市在5G网络、半导体等行业持续发力。尽管目前成都市范围内相关企业已经取得较好的发展，但是科技行业日新月异，国际竞争异常激烈，各行业各企业均不能停下发展的步伐。这就需要成都市政府放宽行业准入门槛，充分调动民间资本积极性，激发数字基础产业活力；加大对新技术研发的支持，设立专项资助基金、对数字基础产业减税或免税等，促进新技术的研发与应用。

9.3.4.4 建设数字自由贸易区

因数字经济与三大产业融合程度较高，且建立数字经济自贸区资金需求量达、目标与传统自贸区相重叠，因此不建议新建数字经济自由贸易区，可在原有自贸区的基础上拓展数字经济业务职能。如英国采用数字技术建立了一个出口支持系统，将其与阿里巴巴、亚马逊连接起来，定理发展在线销售；同时，采用新技术建立海关报关系统，优化海关服务。

建设中国（四川）自由贸易试验区成都青白江铁路港片区，一方面，可以改善海关报关系统，提高报关效率；另一方面，可结合自身铁路优势融合人工智能发展智能轨道交通，做到轨道与铁路更加高效的安排，提高轨道与列车的运行效率，更有利于数字经济产品的进出口。

9.3.4.5 培育数字经济国际化龙头企业

大型跨国公司因其强大的技术、资金和规模优势，在全球产业链中获益最大。在数字经济领域，这类"独角兽"企业现象同样存在。比如美国的亚马逊、eBay、StubHub、Classifieds 等行业龙头企业为美国提升数字经济全球竞争力打下坚不可摧的堡垒。尽管阿里巴巴在全球范围内数字经济发展水平极高，但是我们在行业细分领域并没有足够的企业具有全球竞争力，这也是我国缺乏国际竞争话语权的主要原因。因此，成都市应注重通过财政支持、引进人才等多种途径引导细分行业企业发展，培育数字经济龙头企业，以龙头企业带动产业链中其他企业发展，形成良性发展，提高成都市在全球竞争中的影响力与话语权。

9.3.4.6 加大数据要素投入

数据是数字经济时代的核心生产要素。数据要素在生产中的大量使用可提高相关产业生产效率，减少对资本、劳动等要素的投入，提高相关要素的利用率，降低生产成本。发展数字经济产业，必须加大对数据要素的投入。这一方面，提升数据要素的地位，重视数据在整体经济发展当中的重要性，合理处理数据与资本、劳动等要素的关系；另一方面，加强对数据收集、研发、交易等方面的管理，使数据在生产活动中能充分发挥自身优势，避免数据作为一种资源的浪费与泛滥。成都在此方面可向贵阳学习，通过建立数据交易所管理数据、由有序的市场确立数据价格、均衡配置数据资源，通过建立数据研发机构拓展数据职能，深入研究数据的功能。

9.3.4.7　注重高精尖人才培育

人才的参与既是数字经济的一个重要环节，也是推动数字经济发展的重要因素。因人才储备不足、高精尖人才稀缺等，数字经济的国际化发展离不开政府的指引。首先，学校应加强对专业知识领域的投入，营造良好的学习、科研氛围，同时加强对数字经济的宣传，让更多人认识数字经济，让更多高精尖人才投入到数字经济建设中去。其次，可完善人才培养方案，加强政府与学校、企业与学校的合作，为学生创造更多深入理解数字经济的机会，创造更多的数字经济就业岗位，设定合理的薪资待遇，吸引更多的人才。

10　总结与展望

本书首先梳理了成渝城市群的发展历史、发展规划和发展现状，然后以城市（群）规模为切入点，从理论—实证对成渝城市群的资源承载水平、资源利用效率进行了量化分析，同时针对城市群整体和内部城市发展现状，对其发展中的资源总量短板、资源效率短板进行了评估，并对城市群的规模优化路径提出了针对性的意见和建议，最后以数字经济在成渝城市群的发展构想了城市群实现跨越式发展的方向和行动路线。在研究过程中，本书还有许多地方值得改进，以及许多问题值得研究，笔者在此进行说明并做相关研究展望。

10.1　总结

成渝城市群地处西部，既成就了城市群在国家区域经济发展中的重要战略地位，也成为制约城市群发展的重要阻碍。城市群总体资源承载力薄弱，城市资源利用水平低于全国平均水平，更是低于其他三大城市群的发展水平。这一方面是西部较为落后的区位条件和经济发展历史决定的，另一方面也与城市群内竞争大于合作，城市呈两极分化的现状相关。2016年出台的《成渝城市群发展规划》虽然对各城市的功能和产业进行了定位，但是可以发现仍然存在产业重复布局，行动方案不清晰等问题。如何实现城市群的协同发展？需要以资源利用效率为标准，鼓励资源从边际生产效率低地区向边际生产效率高的地方流动，这里就涉及一个重要的理论问题：如何评价一个地区资源边际利用效率的高低呢？本书通过构建城市最优产出规模估算模型，研究城市产出与城市规模的关系，以期优化城市规模，从而达到最优的产出规模，获得资源边际生产效率的评价方法。本书最后对城市群各城市的最优产出规模进行测算，发现，除了核心城市成都市和重庆市达到或超过最优产出规模外，其他城市都未达到最优产出规模，从另一个角度来看，说明这些城市具有进一步扩大规模，发展城市的动力，其资源边际生产效率较高，应该鼓励资源进行合理流动。但如何流动，流动什么样的资源，一是要对资源的类型进行分类，明确哪些资源可以流动，哪些资源不可以流动；二是城市资源的短板到底在何处？在这一过程中，本书对城市发展的相关资源进行分类，并同时以国家均量为标准，对城市资源按照自然—经济—社会复合系统资源构建城市资源承载力评价体系，对城市群内城市的各项资源进行量化分析，找出城市资源差异和资源短板，为资源流动提供方向。

以城市规模、最优产出规模和城市资源承载力三者的关系，可以对不同城市的规模优化方向即路径进行定性分析，针对不同情况的城市，有些需要控制规模，有些可以适度扩大规模，有些需要缩小规模，但总体来讲，都需要加强城市群之间的合作和资源流动。这一过程需要以资源总量水平和资源利用效率为标准。但是成渝城市群由于其区位条件限制，资源约束和我国特殊的城乡二元体制等因素，会影响城市及城市群的发展。借鉴国外先进城市群的发展经验可以看到，高级别的发展规划和统一的行动计划，有助于改善资源稀缺等问题，实现城市协同发展，而抓住历史发展基于，利用科技创新和信息技术等新资源，可以突破传统资源限制，形成产出更高，更具活力的城市群。在此基础上，本书对成渝城市群的规模优化和健康发展提出了合理诊断、加强协同和对外争取等意见增强传统资源要素集聚力；以创新资源要素投入，发展新经济优势等方案，改变资源发展约束。为成渝城市群实现跨越式发展提出理论依据和行动方案。

10.2　研究展望

成渝城市群的资源总量水平和利用水平的研究是一个十分重要且复杂的问题,且是一个动态发展过程,由于本人研究能力、精力有限,再加上数据可得性等限制,有许多问题还值得探讨和关注,在此进行简要说明。

10.2.1　城市资源承载力的测算方法改进

一是由于城市数据统计口径存在差异,《城市统计年鉴》《四川统计年鉴》上的市、州数据和《中国统计年鉴》各省、直辖市和自治区数据在一些指标上统计的方式不同,导致部分数据不连贯、统计口径不一致,无法对 16 个城市的资源总量进行全面的分析,本书仅选取了部分代表性指标,这间接导致各城市对传统资源的依赖度被高估,无法体现城市差异性。二是由于数据获得性限制,本书采取全国均量为标准进行量化,将城市资源承载力转化成为一个相对量指标,而并不是绝对量指标,虽然利用相对量也可以体现城市之间的差异,但对资源总量的测算还是有改善的空间。如加入生态足迹法等对资源占用的绝对量化方法来测算资源总量,但由于能源数据和类型土地无法获得统一、全面的数据,只采用了均量法的单一方法,在未来,对数据进一步搜集和修正后,可以将城市资源承载力评价方法进行进一步优化。

10.2.2　城市最优产出规模中个体差异影响需进一步考虑

在城市最优产出评估中,本书沿用前人的研究方法,以城市的产业结构比来作为城市差异的表征,因此在测算中,除了一般的参数估计外,各城市的产业结构就成了决定城市最优产出规模的决定性因素。但实际上,城市之间的发展水平差异,不光由产业结构决定,也由城市的区位条件、人口结构、城市宜居度等因素影响,受到数据可得性限制,这些因素在计量模型并未考虑，因此，该模型虽然能够大致了解城市最优规模水平和城市最优产出规模差异，但是由于部分因素未考虑其中，可能导致有些城市的人口规模存在高估或者低估的风险。在未来的进一步研究中，需要增加其他表征城市差异的变量，同时对于数据的搜集应该尽可能增加年数，提高估计准确性。

10.2.3　加强城市空间规模和人口规模的协调研究

在本书中，主要以人口规模为研究对象，但城市发展除了人口的集聚，空间的管理也尤为重要，如我国就存在人口城镇化和土地城镇化不同步的现象，其产生的主要原因是我国城乡二元经济体制和社会体制。城市空间的优化，不管关系城市的可持续发展，也会影响城市的宜居性和产业布局，这些在城市的总体发展中都十分重要。在未来的深入研究中，还应该在城市人口规模的基础上增加空间规模的研究，但这需要地理信息系统、空间数据作支撑。

10.2.4　城市资源承载力和最优产出规模的分析动态化

在第 7 章理论分析中可以发现，长期来看，城市资源承载力和城市最优产出规模不是一成不变的，随着资源利用效率的提高和产业结构的变化，其承载力和最优产出规模都可发生变化，因此需要对城市群及内部城市进行动态评估，但是受限于数据可得性，只能对数据能搜集的最近一期资源承载力进行评估，而最优产出规模仅能评估与产业结构变动相关的动态变化关系。在未来，可以更加详尽的搜集城市的数据，对资源承载力动态变化规律进行模拟，同时增加影响城市最优产出规模的动态变量分析其除了产业机构之外的动态变化规律。

参考文献

[1] 丁任重，何悦. 马克思的生态经济理论与我国经济发展方式的转变 [J]. 当代经济研究，2014 (9)：5-14.

[2] 杜爽，冯晶，杜传忠. 产业集聚、市场集中对区域创新能力的作用：基于京津冀、长三角两大经济圈制造业的比较 [J]. 经济与管理研究，2018 (7)：48-57.

[3] 高吉喜，可持续发展理论探索：生态承载力理论、方法与应用 [M]. 北京：中国环境科学出版社，2001.

[4] 何悦. 成都市城市资源承载力测算与空间优化研究 [J]. 中国西部，2021 (1)：39-46.

[5] 李健，杨丹丹，高杨. 基于状态空间法的天津市环境承载力 [J]. 干旱区资源与环境，2014 (11)：25-30.

[6] 李悦，成金华，席晶. 基于 GPA-TOPSIS 的武汉市资源环境承载力评价分析 [J]. 统计与决策，2014 (17)：102-105.

[7] 刘汉初，卢明华. 中国城市专业化发展变化及分析 [J]. 世界地理研究，2014，3 (4)：85-96.

[8] 刘胜，申明浩. 城市群融合发展能成为吸引外资进入的新动能吗：来自粤港澳大湾区的经验证据 [J]. 国际经贸探索，2018 (12)：4-16.

[9] 刘胜. 城市群空间功能分工带来了资源配置效率提升吗：基于中国城市面板数据经验研究 [J]. 云南财经大学学报，2019 (2)：12-21.

[10] 鲁平俊，唐小飞，王春国，等. 城市群战略与资源集聚效率研究

[J]. 宏观经济研究, 2015 (5): 150-159.

[11] 马克思, 恩格斯. 马克思恩格斯全集: 第 23 卷 [M]. 北京: 人民出版社, 1974: 926-927.

[12] 马克思. 资本论: 第 1 卷 [M]. 北京: 人民出版社, 1972: 551-552.

[13] 马燕坤, 肖金成. 都市区、都市圈与城市群的概念界定及其比较分析 [J]. 经济与管理, 2020 (1): 18-26.

[14] 毛汉英, 余丹林. 环渤海地区区域承载力研究 [J]. 地理学报, 2001, 56 (3): 363-371.

[15] 佩鲁. 略论经济增长极的概念 [J]. 经济学译丛, 1988 (9): 168.

[16] 秦成, 王红旗, 田雅楠. 资源环境承载力评价体系研究 [J]. 中国人口·资源与环境, 2011 (21): 335-338.

[17] 萨缪尔森. 经济学原理 [M]. 北京: 人民邮电出版社, 2013: 156-160.

[18] 孙久文, 张超磊, 闫昊生. 中国的城市规模过大么: 基于 273 个城市的实证分析 [J]. 财经科学, 2015 (9): 76-86.

[19] 韦伯. 工业区位论 [M]. 李刚剑, 等译. 北京: 商务印书馆, 2010: 134-135.

[20] 熊建新, 陈端昌, 谢雪梅. 基于状态空间法的洞庭湖区生态承载力综合评价研究 [J]. 经济地理, 2012 (11): 138-142.

[21] 徐骁, 赵富强, 李东序. 城市综合承载力评价研究: 基于三角模糊层次分析法 [J]. 当代经济, 2012 (12): 155-157.

[22] ALONSO W. The economics of urban size [J]. Pap Reg Sci Assoc, 1971, 26 (1): 67-83.

[23] ARNOTT R J. Efficient metropolitan resource allocation [R]. SPP Research Paper, 2016.

[24] AU C C, HENDERSON J V. Are Chinese cities too small [J]. The

Review of Economic Studies, 2004 (3): 549-576.

[25] DAVIS D, WEINSTEIN D. Market size, linkages, and productivity: a study of japanese regions [R]. Cambrige: NBER, 2001.

[26] DIXIT A K, STIGLITZ J E. Monopolistic competition and optimum product diversity [J]. American Economic Review, 1975 (67): 297-308.

[27] DURANTON G, PUGA D. Micro-foundations of urban agglomeration economies [M] // HENDERSON J V, THISSE J F. Handbook of Regional and Urban Economics. Amsterdam: North-Holland, 2015.

[28] ELLISON G, GLAESER E L, KERR W R. What causes industry agglomeration? Evidence from coagglomeration patterns [J]. American Economic Review, 2010, 100 (3): 1195-1213.

[29] FAN C C, SCOTT A J. Industrial agglomeration and development: a survey of spatial economic issues in east asia and a statistical analysis of Chinese regions [J]. Economic Geography, 2003, 79 (3): 295-319.

[30] FITJAR R D, RODRíGUEZ. POSE A. When local interaction does not suffice: sources of firm innovation in urban norway [J]. Environment and Planning A, 2011, 43 (6): 1248-1267.

[31] FRANCOIS J, WOERZ J. Producer services, manufacturing linkages and trade [J]. Journal of Industry, Competition and Trade, 2008, 8 (34): 199-229.

[32] FRIEDMANN J. Regional development policy: a case study of venezuela [M]. Cambrige: The MIT Press, 1966.

[33] GUERRIERI P, MELICIANI V. Technology and international competitiveness: the interdependence between manufacturing and producer services [J]. Structural Change and Economic Dynamics, 2005, 16 (4): 489-502.

[34] HELSLEY R W, STRANGE W C. Matching and agglomeration economies in a system of cities [J]. Regional Science and Urban Economics, 1990, 20 (2): 189-212.

[35] HENDERSON J V. Urban development: theory, fact, and illusion [M]. Oxford: Oxford University Press, 1991: 128.

[36] HUMMELS D. Towards a geography of trade costs [C]. West Lafayette: Purdue University, 2004.

[37] KAHN M E. Agglomeration economics: new evidence on trends in the cost of urban agglomeration [M]. Chicago: The University of Chicago Press, 2010: 339-354.

[38] KLOOSTERMAN R C, LAMBREGTS B. Clustering of economic activities in polycentric urban regions: the case of the randstad [J]. Urban Studies, 2001, 38 (4): 717-732.

[39] KRUGMAN P. Scale economies, product differentiation, and the pattern of trade [J]. The American Economic Review, 1980, 70 (5): 950-959.

[40] LIANG X. Outward internationalization of private enterprises in China: the effect of competitive advantages and disadvantages compared to home market rival [J]. Journal of World Business, 2012, 47 (1) : 134-144.

[41] LOWRY I S. Migration and metropolitan growth: two analytical models [M]. San Francisco: Chandler Publishing Company, 1966: 83.

[42] MERA K. On the urban agglomeration and economic efficiency [J]. Economic Development and Cultural Change, 1973, 21 (2): 309-324.

[43] MILLS E S. An aggregative model of resource allocation a metropolitan area [J]. American Economic Review, 1967 (57): 197-210.

[44] MYRDAL G. Economic theory and underdeveloped region [M]. London: Duckworth, 1957: 57-60.

[45] NAKAMURA R. Agglomeration economies in urban manufacturing industries: a case of Japanese cities [J]. Journal of Urban Economics, 1985, 17 (1): 108-124.

[46] OVERMAN H G, REDDING S, VENABLES A J. The economic ge-

ography of trade, productio and income: a survey of empirics [J]. Biochemical & Biophysical Research Communication, 1993, 195 (2): 616-622.

[47] PONCET S. A fragmented China: measure and determinants of Chinese market disintegration [J]. Review of International Economics, 2005 (13): 409-430.

[48] VAN OORT F. On the economic foundation of the urban network paradigm: spatial integration, functional integration and economic compartmentalizes within the dutch randstad [J]. Urban Studies, 2010 (47): 725-748.

[49] WHEELER C H. Search, sorting, and urban agglomeration [J]. Journal of Labor Economics, 2001, 19 (4): 879-899.